너무도 귀한 책이다! 모든 목사는 교회를 이끌고, 매주 설교를 하고, 타락한 세상에서 굴곡 많은 삶을 살아가는 교인들을 돕는 일을 한꺼번에 하느라 여간 힘든 게 아니다. 이 모든 일을 하나님과 그분이 맡겨주신 사람들을 향한 충성과 기쁨과 사랑으로 감당하기 원하는 모든 목사를 위해 스콧 페이스와 짐 섀딕스가 성경의 지혜와 실용적인 도움이 가득한 책을 써냈다.

데이비드 플랫(David Platt)
버지니아주 맥린바이블교회 목사, 래디컬(Radical) 설립자,
『물러서지 마』(Don't Hold Back, 두란노) 저자

『설교를 통해 하나님의 백성 목양하기』에서 짐 섀딕스와 스콧 페이스는 직접 목회를 한 경험과 다년간 목회자들을 훈련한 경험을 토대로, 말씀 사역이 지교회의 리더십과 설교, 목회적 책임들을 수행하는 데 어떤 도움이 되는지에 관한 통찰을 제시한다. 이 시대에 꼭 필요한 이 책은 목회 사역이 어떻게 설교 사역을 강화해주고 충실한 설교 사역이 왜 목회적 리더십과 건강에 중요한지를 보여준다. 수십 년은 목회해야 발견할 수 있는 보물이 이 책 안에 있다.

브라이언 채플(Bryan Chapell)
일리노이주 그레이스교회 명예목사,
『그리스도 중심의 설교』(Christ-Centered Preaching, 은성) 저자

이 시대에 꼭 필요한 책이다. 이런 책을 본 적이 없다. 리더십과 목회와 설교를 아름다운 균형 속에서 하나로 엮은 이 책에서 스콧 페이스와 짐 섀딕스는 우리의 거룩한 사명을 순수한 동기와 능력과 기쁨으로 해낼 수 있는 방법을 알려준다.

다니엘 L. 아킨(Daniel L. Akin)
사우스이스턴 침례신학교(Southeastern Baptist Theological Seminary) 총장

설교는 목사에게 리더십으로 가장 큰 영향력을 발휘할 수 있는 기회다.『설교를 통해 하나님의 백성 목양하기』에서 스콧 페이스와 짐 섀딕스는 설교자들이 이 기회를 어떻게 관리하여 교인들에게 영적인 유익을 끼치고 목사와 교사라는 성경적 소명을 잘 감당할 수 있는지를 보여준다. 이 유익한 책에는 목회 신학, 강해 설교를 위한 성경적 근거, 교회 리더십을 위한 탄탄한 철학이 균형 있게 골고루 섞여 있다.『설교를 통해 하나님의 백성 목양하기』는 초보 목사와 경험 많은 리더 모두에게 귀중한 지침서가 되어줄 것이다.

스티븐 럼메이지(Stephen Rummage)
오클라호마주 퀘일스프링스침례교회 담임목사, 미드웨스턴 침례신학교 설교 및 목회 사역 교수,『당신의 설교를 계획하라』(Planning Your Preaching) 저자

한 전기 작가는 열심히 일하는 목사이자 신학자였던 존 칼빈이 성경 강해를 자기 목회의 핵심으로 보았다고 말한다. 모든 것이 강해를 중심으로 이루어지고 강해에서 흘러나왔다. 같은 관점에서 페이스와 섀딕스는 목회 사역의 수많은 측면이 어떻게 강해를 중심으로 통합될 수 있고 통합되어야 하는지를 보여준다.『설교를 통해 하나님의 백성 목양하기』는 하나님의 말씀이 설교자가 교회를 이끌고 사랑하고 먹이는 주된 방법이 되는 목회 사역 모델을 제시한다. 교회 리더십과 설교, 목회에 관한 책이 시중에 많이 나와 있지만 이 책을 강력히 추천한다. 앞으로 행사와 강의에서 이 책을 적극 활용할 계획이다.

토니 메리다(Tony Merida)
노스캐롤라이나주 이마고데이교회(Imago Dei Church)의 설교 및 비전 목사,『그리스도 중심의 강해 설교자』(The Christ-Centered Expositor) 저자

스콧 페이스와 짐 섀딕스는 『설교를 통해 하나님의 백성 목양하기』에서 목회, 가르침, 설교에 대해 리더십과 목회가 설교의 주인이 아니라 종이 되는 3중 접근법을 제시한다. 두 저자는 리더들이 영원한 말씀의 완전성과 타협하거나 그 권위를 훼손하지 않고 현대 교회의 난관들을 헤쳐나갈 수 있도록 강력한 도구들로 새로운 열정을 불어넣는다. 이 책은 하나님 나라를 위해 효율적이고 효과적으로 사역하기로 결심한 이들에게 획기적인 도움닫기가 될 것이다.

로버트 스미스 주니어(Robert Smith Jr.)
샘포드대학교(Samford University) 비슨신학교(Beeson Divinity School)의
찰스 T. 카터 침례교 신학과 학과장(Charles T. Carter Baptist Chair of Divinity)

오늘날 설교에 관한 많은 책이 "너희 중에 있는 하나님의 양 무리를 치"는(벧전 5:2) 목사의 주된 소명에서 설교를 분리하는 오류를 범하고 있다. 이런 트렌드를 밀어내고 왜 설교가 목사의 주된 소명에서 주된 임무인지 솜씨 좋게 증명할 목소리가 필요하다. 페이스와 섀딕스가 그런 믿을 만한 목소리들이다. 두 저자는 『설교를 통해 하나님의 백성 목양하기』에서 설교가 목회의 소명과 별개가 아니라 하나로 엮여 있음을 보여준다. 그들의 통찰은 지혜롭고 유익하며 목회적이다. 설교를 통해 양 떼를 잘 이끌기 원하는 목사들은 모두 이 책을 읽어야만 한다.

브라이언 크로프트(Brian Croft)
프랙티컬 셰퍼딩(Practical Shepherding) 설립자 겸 대표

설교를 통해
하나님의 백성
목양하기

Expositional Leadership: Shepherding God's People from the Pulpit
Copyright © 2024 by R. Scott Pace and Jim Shaddix
Published by Crossway, a publishing ministry of Good News Publishers
Wheaton, Illinois 60187, U.S.A.

This Korean translation edition © 2024 by Timothy Publishing House, Inc., Seoul, Republic of Korea
This edition published by arrangement with Crossway through rMaeng2, Seoul, Republic of Korea.
All rights reserved.

이 한국어판의 저작권은 알맹2를 통하여 Crossway와 독점 계약한 (주)도서출판 디모데에 있습니다. 신저작권법에 따라 한국 내에서 보호받는 저작물이므로 무단 전재와 무단 복제를 금합니다.

설교를 통해 하나님의 백성 목양하기

1쇄 발행 2024년 9월 30일

지은이 스콧 페이스, 짐 섀딕스
옮긴이 정성묵
펴낸이 고종율
펴낸곳 주)도서출판 디모데〈파이디온선교회 출판 사역 기관〉
등록 2005년 6월 16일 제 319-2005-24호
주소 서울특별시 서초구 서초대로 141-25(방배동, 세일빌딩)
전화 마케팅실 070) 4018-4141
팩스 마케팅실 02) 6919-2381
홈페이지 www.timothybook.com

ISBN 978-89-388-1709-9 (03230)
© 2024 도서출판 디모데 All rights reserved. 〈Printed in Korea〉

설교를 통해 하나님의 백성 목양하기

강해 설교로
세워지는
목회 리더십

| 스콧 페이스, 짐 섀딕스 지음 | 정성묵 옮김 |

차례

서문	리더와 설교자와 목회자	11
1장	강단에서의 성경적 리더십	25
2장	강단에서의 영적 리더십	55
3장	강단에서의 전략적 리더십	79
4장	강단에서의 서번트 리더십	109
5장	강단에서의 상황적 리더십	141
6장	강단에서의 분별력 있는 리더십	169
결론	마무리 동작과 마치는 말	196
주		201

서문
리더와 설교자와 목회자

교회 리더십이 어려운 이유는 여러 가지다. 각 교회 문화의 이면에는 다 알 수 없고 헤아릴 수도 없는 복잡한 역사가 있다. 모든 교회는 각양각색의 배경, 성격, 가정 상황, 어려움, 기대를 가진 사람들로 구성되어 있다. 성도들의 영적 성숙도도 천차만별이다. 그래서 각 사람을 위한 고려와 다양한 목회 접근법이 필요하다. 이런 어려움 외에도 예기치 못한 상황과 걸림돌이 나타난다. 목회자들은 무리 전체를 이끌면서 이런 난관들을 끊임없이 돌파해나가야 한다. 다른 목회자들뿐 아니라 장로, 행정 직원, 교회의 리더들이 이런 짐을 함께 져줄 수 있지만, 저마다 문제점을 안고 있기 때문에 오히려 상황이 더 복잡해지는 측면도 있다. 요컨대 인간은 예측 불가한 존재고, 교회는 복잡하며, 리더십은 어렵다!

매일 마주하는 리더십의 난제들 외에도 목회자들은 항상 설교를 준비해야 한다는 압박 속에서 산다. 강단에서 내려와 한숨을 돌리자마자 새로운 설교에 관한 기대감과 함께 설교 준비에 대한 걱정이 몰려온다. 심지어 설교 준비 과정을 즐기는 사람도 매주(때로는 더 빈번하게) 설교를 준비하고 전하는 일에 대한 부담을 지속적으로 느낀다.

하나님의 말씀을 전하는 신성한 임무는 감사하고 기뻐하며 경외감으로 받아들여야 할 영예다. 하지만 설교와 관련해서 가장 힘든 점은 끝없는 설교 준비나 메시지를 전하고 나서 얻는 기쁨과 피로가 뒤섞인 감정이 아니다. 애써 전달한 하나님의 진리를 교인들이 귀담아듣지 않을 때 우리는 말할 수 없는 실망감을 경험하며 온몸에 힘이 빠진다. 교인들의 삶에서 망가진 조각과 패턴이 계속 보이거나 교인들이 은혜를 받지 않으면, 처음에는 배신감을 느끼다가 나중에는 좌절감과 낙심에 빠진다. 그럴 때 우리는 설교 혹은 소명과 교회에 관한 의심을 품기 시작한다. 설교는 즐거운 일이지만 지독히 힘든 일로 변할 수도 있다.

리더십과 설교만으로도 충분히 힘든데, 목회라는 매일의 고역은 우리의 사역이 거의 불가능한 일처럼 느껴지도록 내몰기도 한다. 어떤 날은 사역이 불행하게까지 느껴진다. 교회 안의 긴장, 교인의 상황에 공감해야 한다는 영적 부담감, 감사할 줄 모르는 교인들은 제아무리 재능이 뛰어난 목사도 지치게 만든다. 실제로 하나님의 은혜가 지탱해주지 않고 초자연적인 능력이 없다면 목회 사역은 견딜 수 없고 감당하기 어려운 일이 된다. 우리는 버티기 위해 애를 쓰면서 교인들의 삶 속에 하나님의 역사가 나타나기를 원하고, 우리 자신의 삶 속에 하나님의 새로운 역사가 나타나게 해달라고 간절히 기도한다. 이런 간절한 바람과 끊임없는 요구들로 인해 목회는 분에 넘치는 특권인 동시에 무거운 짐으로 다가온다.

사역의 세 가지 핵심 요소(리더십과 설교와 목회)는 우리가 받은 소명에 있어 필수적인 것들이다. 우리는 대부분 이 세 가지 요소에 필연적으로 따르는 난관들을 알고 있지만, 이것들이 서로 어떻게 연관되고 의존하는지는 간과하기 쉽다. 그 결과, 세 요소를 종합적으로 다루면 난관을 단순화할 수 있다는 점을 놓칠 수 있다. 성경이 리더십과 설교와 목회를 어떻게 하나로 묶는지 알지 못하면 각 요소에 따르는 책임과 노력을 다해도 어느 것 하나 제대로 해내지 못할 수 있다.

상황 점검하기

리더십과 설교와 목회를 잘못된 방식으로 구분하는 모습은 현대 교회 사역에서 광범위하게 나타난다. 우리가 이 세 가지 핵심 요소를 구분하는 것처럼 이것들을 다룬 사역 자료들도 대개 별개의 내용으로 존재한다. 예를 들어, 리더십 서적들은 대개 원칙과 과정에만 초점을 맞출 뿐 목회의 실질적인 측면들은 좀처럼 다루지 않는다. 이와 비슷하게 목회 자료들은 다양한 역할과 책임에 관한 유용한 통찰을 제시하지만 설교에는 전혀 관심을 기울이지 않는다. 설교 자료들은 해석과 커뮤니케이션 기술을 향상시키는 데 초점을 맞추지만, 목회와 리더십에 관해서는 거의 다루지 않는다. 물론 각 측면에 전적으로 초점을 맞춘 자료들이 분명 필요하기는 하다. 하지만 우리는 이것들을 인위적으로 나누고 어느 하나에만 중점을 두어 세 가지 핵심 요소가 서로 어떻게 의존하는지에는 관심을 기울이지 않는다. 이것이 강해적 리더십이 그토록 중요한 이유다. 강해적 리더십은 이 기초적인 요소들을 통합하는 데 도움을 준다.

하지만 사역의 이 필수 요소들은 이론적인 차원이 아니라 현실적인 차원에서 서로 분리되어 있다. 우리는 설교 준비, 목회적 돌봄, 상담, 조직적 리더십(전략적 일정은 모든 충성스러운 목사의 필수적인 책임이다)을 위해 시간을 할애해야만 한다. 하지만 어떤 목사들은 설교를 자신의 강점으로 보고 설교 준비에 너무 많은 시간을 쏟으면서 양 떼에 대한 목회적 돌봄은 무시한다. 그런가 하면 리더십 영역에 재능이 있어서 비전과 전략을 너무 강조하는 나머지, 사람들을 중시하지 않고 그들을 극복해야 할 걸림돌이나 참아야 할 필요악으로 보는 목사들도 있다. 어떤 목사들은 자신이 커뮤니케이션에 재능이 없다고 생각해서 양 떼를 돌보는 일에만 전념하고 설교 준비에는 최소한의 시간만 투자한다.

누구나 강점과 약점이 있고 각자 열정과 취향이 다르지만, 사역의 어느 한 가지 핵심 요소에만 집중하여 나머지에는 소홀하지 않도록 해야 한다. 이것은 단순히 균형의 문제가 아니라 통합의 문제이기도 하다. 이것이 강해적 리더십이 중요한 또 다른 이유다. 강해적 리더십은 사역의 핵심 요소들이 어떻게 서로 중첩되고 통합되어 최대의 효과를 낼지 판단하게 해준다.

안타깝게도 이렇게 우리가 마땅히 해야만 하는 사역들이 건강하지 못하게 분리된 모습은 목회 접근법과 관련된 자료들에서만 나타나지 않는다. 이런 양상은 사역의 많은 실패 현장에서 더 분명하게 목격된다. 목사들이 대개 자신의 교회를 잃는 것은 갑자기 이상한 교리를 채택하거나 도덕적으로 문제가 있기 때문이 아니다. 물론 그런 경우도 드물지 않다. 하지만 그것이 사역이 몰락하는 가장 흔한 이유는 아니다. 그보다는 지혜롭지 못하고 건강하지 않은 리더십으로 인해 목사가 쫓겨나고 교회가 분열되는 경우가 더 많다. 목사가 영적으로 성숙하지 않고 그런 미성숙함이 생명력 없는 설교로 나타나 교회가 내적으로 분열하고 목사가 사임하는 경우도 많다. 성도들이 목사가 자신들을 돌보아주지 않고 설교가 자신들의 삶과 동떨어져 있다고 느끼는 경우에도 목사는 신임을 잃고 떠날 수 있다.

이런 상황이 펼쳐지기 시작하면 우리는 문제의 원인을 찾아 해결하려고 하지 않고 증상에만 초점을 맞춘다. 다시 말해, 불이 아니라 연기 쪽으로 호스를 향한다. 그로 인해 사역은 재가 되고, 교인들은 상처를 입고, 목사들은 심각한 화상을 입는다. 이런 상황에서 한 가지 핵심 요소에서의 실패가 다른 영역의 실패로 이어지는 것을 본다. 하지만 그 반대인 경우도 성립한다. 바로 이것이 강해적 리더십이 그토록 중요한 또 다른 이유다. 강해적 리더십은 각 요소가 다른 요소들의 강점을 이끌어내고 성공을 견인하면서 우리의 사역을 강화시키고 보호하도록 도와준다.

경계 설정하기

'강해적 리더십'의 개념을 탐구할 때 몇 가지 교리적·철학적 경계를 설정하는 것이 중요하다. 이런 신학적 가드레일은 우리의 논의가 교리적 도랑에 빠지지 않고 옳은 방향으로 가게 해줄 수 있다. 우리의 관점을 뒷받침하고, 궁극적으로 접근법을 결정하는 몇 가지 신학적 신념들이 있다. 이런 기초적인 진리들 하나하나는 강해적 리더십의 본질과 필요성을 보여준다. 존 스토트(John Stott)는 『현대 교회와 설교』(생명의샘)라는 탁월한 책에서 설교의 신학적 기초를 확립해주는 다섯 가지 핵심 신념을 제시한다. 그는 설교에 관한 접근법이 하나님, 교회, 성경, 목사의 직책, 설교를 향한 우리의 신념에 따라 결정된다고 주장한다.[1]

하나님과 구원, 교회

우리는 우주의 창조주가 영원히 성부와 성자와 성령의 삼위로 존재하시는 한 분, 참되고 살아계신 삼위일체 하나님이시라고 믿는다. 하나님은 그분의 형상을 따라 인간을 독특하게 창조하셨다(창 1:26-27). 하지만 모든 인간은 아담의 원죄로 인해 그분에게서 멀어져 저주를 받게 되었다(롬 5:12). 구속을 위한 하나님의 영원한 계획은 구약 곳곳에서 약속되고 묘사되었다(창 3:15). 그리고 성경에 따르면 그 계획은 동정녀에게서 탄생하고 죄 없는 삶을 산 뒤에 십자가에서 대속의 죽음을 당하고 육체적으로 부활하신 성자 그리스도의 사역을 통해 완성되었다(고전 15:3-4). 회개하고 그리스도를 구주로 믿는 모든 사람은 그 믿음을 통해 영원히 구원을 받아(롬 10:9-10) 하나님의 가족으로 입양되며(요일 3:1, 갈 4:4-7) 그리스도의 몸이요 신부인 교회의 새 언약의 일원이 된다(엡 5:25-33). 신자들은 믿음의 공동체 안에서 살고 섬기면서 개인적으로나 공동체적으로 성자를 닮아가도록 부름받았다(롬 8:29, 엡 4:12-16). 궁극적으로 하나님의 구속 계획의 완성인 삶의 변화가 강해적 리더십의 최종 목표다.

성경

하나님은 피조 세계의 위대함과 장엄함을 통해 그분의 영원한 본성과 신적 능력을 드러내셨다(롬 1:20). 더 구체적으로는, 살아계신 말씀인 예수님(요 1:1-14, 히 1:3)과 그분의 말씀이 기록된 성경(시 19:7-9, 벧후 1:20-21)을 통해 그분의 본성을 밝혀주셨다. 성경은 성령의 영감으로 되어 오류가 없는 하나님의 말씀이다. 따라서 성경은 생명과 신앙과 경건에 관련된 모든 것의 유일하고 지고한 권위가 되기에 충분하다(딤후 3:16-17, 벧후 1:3). 성령의 능력과 임재를 통해 신자들은 성경을 이해하고 말씀에 반응할 수 있다(요 16:13, 고전 2:12-16). 하나님의 말씀은 그분의 백성들이 성화되는 수단이기도 하다(요 17:17, 벧전 2:2). 따라서 하나님의 말씀은 강해적 리더십의 원천이자 핵심이다.

목회적 리더십

하나님의 백성들은 주님 앞에서 똑같은 가치와 영적인 지위를 지니지만, 하나님은 교회에 그분의 백성들을 섬기고 성장시킬 리더들을 주셨다(엡 4:11-12). 특히 하나님은 성경에서 명시한 자격에 따라 부름받고 능력을 지닌 사람들을 위해서 교회 안에 목사의 직분을 정하셨다(딤전 3:1-7, 딛 1:5-9). 하나님의 부목자로 임명된 목사들은 그분의 백성들을 이끌고 먹임으로써 목자장이신 그리스도를 섬기도록 부름받은 자들이다(벧전 5:1-4, 행 20:28). 목사들은 교회의 영적 성장을 위한 청지기의 책임을 맡고, 하나님의 백성들을 위한 독특한 짐을 지며, 사랑과 책임감을 가지고 교회를 관장하도록 부름받았다(히 13:17). 하나님께 임명을 받은 이런 책무들은 강해적 리더십을 위한 원동력이 된다.

강해 설교

목사의 가장 중요한 책임은 "말씀을 전파"하는 것이다(딤후 4:2). 사역의 성공은 주로 얼마나 충실하게 성경을 정확하고 효과적으로 가르쳤는지에 따라 결정된다(딤후 2:15). 하나님의 말씀인 성경에 가장 충실하여 성경 텍스트에 따라 설교의 내용과 구조를 결정하는 설교 철학과 방식이 '강해'(exposition)다. 성경의 책들이나 광범위한 부분을 주기적으로 전하는 이 체계적인 접근법에는 성경 구절의 분명한 해석, 적용, 선포가 포함된다. 다시 말해, "강해 설교는 성령이 의도하신 의미와 그에 따른 능력을 현대 청중의 삶 속에 드러내는 방식으로 성경 텍스트를 열어 보이는 과정이다."[2] 설교는 회중 예배의 중심 요소로 마련되었고 성경은 인생을 변화시키는 힘이 있기 때문에 우리가 한자리에 모인 하나님의 백성들에게 설교할 때 가장 광범위한 영향력이 나타난다(딤전 4:13-16, 느 8:1-8 참고). 그런 의미에서 강해 설교는 강해적 리더십을 이루기 위한 모델이요 수단이다.

강해적 리더십

이런 교리적 확신과 그에 근거한 기초를 바탕으로 강해적 리더십의 개념과 핵심 요소들을 정립할 수 있다.

/

**'강해적 리더십'은 하나님의 백성들이
성령의 능력을 통해 그분의 아들을 닮아가도록
그분의 말씀을 충실하게 강해함으로써
그들을 돌보는 목회적 과정이다.**

/

이 정의를 구성하는 각 요소에 대해 간단히 설명하면 다음과 같다.

- 강해적 리더십은 오직 '성령의 능력'을 통해서만 가능하다.
- 강해적 리더십은 하나님의 백성들이 '하나님의 아들을 닮아가도록' 하기 위한 리더십이다. 이 리더십의 궁극적인 목표는 그리스도의 제자들이 개인적으로 그리고 공동체적으로 변화되는 것이다.

- 강해적 리더십은 '하나님의 말씀을 충실하게 강해함으로써' 이루어진다. 시대를 초월한 성경의 진리는 올바로 해석되고 전달되어야 한다.
- 강해적 리더십은 '하나님의 백성들을 돌보는' 일을 포함한다. 이것은 교인들의 특정한 배경과 영적 필요를 고려하여 그들을 이끌고 먹이는 일을 포함한다.
- 강해적 리더십은 '목회적'이다. 설교가 교회를 이끌도록 부름 받은 이들에게 맡겨진 기초적이고 필수 불가결한 책임이기 때문이다.
- 강해적 리더십은 '과정'이다. 점진적이고 지속적이기 때문이다. 리더십은 시간을 두고서 발전한다. 힘과 영향력에서만이 아니라 진행 방향에서도 그렇다.

이어지는 페이지들에서 강해적 리더십에 대한 접근은 실천적인 정의와 설명을 토대로 이루어질 것이다. 이 정의를 구성하는 각 요소는 강해 설교를 통해 목회적 리더십의 다양한 표현으로 나타난다.

책의 흐름 살펴보기

리더십은 다양한 형태와 기능을 포함한 다차원적인 개념이다. 목회 사역에서는 특히 더욱 그렇다. 하나님의 백성들을 성경 강해로 인도한다는 개념을 탐구할 때, 우리의 논의를 구조화하는 리더십의 여섯 가지 범주가 있다. 이 책의 각 장은 설교 준비와 전달을 통해 키울 수 있는 목회적 리더십의 특정한 측면들에 초점을 맞춘다. 여기서 규명하고 논할 내용들이 리더십의 전부는 아니지만, 경험상 이런 측면들은 목회적 리더십의 가장 공통적이고 필수적인 요소들이다. 하나님의 말씀을 충실하게 강의하여 각 리더십의 측면들을 발휘해야 한다.

첫 번째 장에서는 '성경적 리더십'에 초점을 맞춘다. 여기서 우리는 성도를 이끄는 목사의 역할과 책임들, 그 역할에 필요한 성품, 소명, 그리고 강해 설교와 목회적 리더십 사이의 불가분 관계에 대한 성경적 근거를 제시할 것이다. 또한 성경적 리더십이 세속의 리더십과 형태, 기능, 초점이라는 면에서 어떻게 구분되어야 하는지 살펴볼 것이다. 그런 구분이 없다면 우리의 설교는 단순히 동기를 유발하기 위한 독백이나 종교적으로 격려하는 연설, 도덕적인 가르침으로 변질될 것이다.

두 번째 장에서는 우리가 설교를 통해 발휘해야 할 '영적 리더십'을 탐구한다. 충실한 강해는 궁극적으로 우리 자신과 성도들의 영적 변화로 이어져야 한다. 우리가 영적 리더십을 발휘하려면 우리 자신이 영적으로 성장하고 성숙해져야 한다. 설교 준비로 그런 성장이 나타나고, 설교 전달을 통해 그것을 표현할 수 있다. 건강한 설교 사역은 우리 자신의 영적 발전 외에도 교회 전체의 영적 생명력과 활력을 일으킨다. 이 장에서는 어떻게 설교를 통해 개인과 공동체의 제자 훈련이 이루어질 수 있는지, 그리고 성경 강해로 어떻게 교인들이 영적 훈련과 신앙생활 안에서 성경을 공부하도록 격려하고 도울 수 있는지 살필 것이다.

세 번째 장에서는 '전략적 리더십'을 다룬다. 특정한 배경과 교회에 적합한 메시지를 어떻게 마련해야 하는지 살펴볼 것이다. 강해는 언제나 성경 기자를 통해 표현된 저자 하나님의 권위 있는 뜻에 기초해야 한다. 교회마다 텍스트를 목회적으로 어떻게 적용할지는 이런 해석적 확신과 충실함에 따라 결정해야 한다. 하지만 교인들을 효과적으로 이끌려면 각 교회의 독특한 특성에 맞게 메시지를 상황화할 필요도 있다. 하나님이 주신 사명과 교회들을 향한 그분의 뜻을 이루기 위해, 교인들에게 충실한 강해로 비전을 던지고 전 교회적인 프로젝트로 도전을 던질 수 있다.

네 번째 장의 요점은 '서번트 리더십'(servant leadership)이다. 이 장에서는 텍스트 중심의 설교를 통해 교회 안에 겸손과 섬김의 문화를 구축하고 유지하는 법에 관해 고민할 것이다. 단지 종(servant)과 관련된 구절들로 설교하는 것으로는 이런 문화를 구축할 수 없다. 강단에서 목사의 태도와 설교 스타일이 주된 열쇠다. 목사로서 우리는 텍스트의 진리에 따라 교인들을 권면하고 도전하고 간청하고 설득할 때, 설교를 전달하는 모습에서 그리스도를 닮은 겸손을 보여주어야 한다. 태도에서 교인들을 향한 연민이 드러나야 한다. 그래서 교인들도 종의 자세로 선교 사명을 다할 수 있도록 그들의 마음을 움직여야 한다.

다섯 번째 장에서는 설교 사역을 통한 '상황적 리더십'에 집중한다. 모든 교회는 필연적으로 힘든 시련과 고난의 시기를 지날 수

밖에 없다. 이 시기는 교회의 삶에서 매우 중요한 때다. 이때 우리는 교인들의 상황을 세심히 살피면서 강단에서 그들을 이끌어야 한다. 교인들은 자신들이 그리스도께 소망을 두게 하고, 성경의 렌즈를 통해 상황을 바라보게 해주며, 어떻게 반응해야 할지 가르쳐 주는 진리를 찾는다. 우리는 공동체의 비극이나 교회의 위기 속에서 확신과 연민으로 설교할 책임이 있다. 우리는 강해 설교로 교인들이 다양한 상황을 헤쳐나가도록 이끌어야 한다.

마지막 장에서는 설교 사역에서 '분별력 있는 리더십'을 다룬다. 경건한 지혜와 상식이 발휘되지 않는 설교로 인해 상처 나고 망가진 교회, 탈선한 사역, 목회를 그만둔 목사가 너무도 많다. 목사들이 명백하게 보이는 함정을 보지 못하고 빠지는 경우가 흔하다. 충성스러운 설교자로서 우리는 자신의 의견을 제시하거나, 신세 한탄을 하거나, 교인들을 위협하거나, 다른 사람을 비난하거나, 자신을 높이는 식으로 하나님의 말씀을 설교하는 특권을 오용하지 않도록 조심해야 한다. 강단은 논쟁이나 정치적인 주장, 개인적인 야망을 위한 자리가 아니다. 따라서 우리는 하나님의 대변인으로서 분별력 있는 리더십을 통해 우리의 소명을 귀하게 다루고 그리스도의 이름을 높여야 한다.

이 여섯 가지 리더십 하나하나는 목회 사역에 있어 중요하며, 설교 사역을 통해 가장 잘 발휘될 수 있다. 이것들은 우리가 맡은 교인들을 인도하고 먹일 때 리더십, 설교, 목회를 통합한 하나의 접근법으로 융합하는 데 실천적인 도움을 준다. 아무쪼록 이 책에서 우리가 함께하는 여행을 통해 당신이 구주와 더 깊이 함께하는 삶으로 나아가고 구주를 위한 일을 더 잘 해낼 수 있기를 기도한다.

1장
강단에서의 성경적 리더십

"내가 이를 때까지 읽는 것과 권하는 것과 가르치는 것에 전념하라"(딤전 4:13).

때로 강해 설교를 옹호하는 사람들은 강해 설교가 성경적이냐는 질문들을 받는다. 성경 어디에서 강해 설교를 명령하며, 성경에 기록된 선지자, 예수님, 사도들의 설교를 강해 설교로 분류하는 것이 적절한지 묻는 내용 등이 거기 속한다. 모두 합당한 질문이다. 이런 질문에는 성경이 우리에게 주어진 이유 중 하나가 설교학 교과서나 위대한 설교들의 모음집을 제공하기 위함이라는 가정이 녹아있다. 하지만 성경 속의 '설교들'은 대부분 설교의 일부거나 요약이며, 설교하는 법을 가르쳐주는 텍스트는 거의 없다.

그렇다면 강해 설교에 관한 성경적 근거는 어디서 찾을 수 있는가? 주로 구약과 신약의 설교자들이 어떻게 설교했는지 성경에 기술된 내용을 통해 발견할 수 있다. 예를 들어, 느헤미야 8장 1-12절을 보면 성경을 이해하고 설명하는 일이 하나님 백성들의 회중 모임에 있어 중요했다는 사실을 알 수 있다. 예레미야 23장 9-40절을 보면 하나님의 선지자들은 하나님의 회의에 참석하여 그분이 말씀하시는 것만 말할 책임이 있었다. 누가복음 4장 16-21절에는 예수님이 회당에서 구약의 구절을 읽으신 후, 랍비의 전통을 따라 사람들에게 강해하시는 모습이 나온다. 사도들과 초대교회 역시 나중에 이 전통을 따랐다.[1] 고린도전서에서 바울은 스스로 복음을 "맡은 자"로 내세우며 "하나님의 증거"를 선포할 때 타협을 거부하겠다고 말한다(고전 2:1, 4:1). 이런 구절들의 공통점은 설교자가 하나님이 말씀하시는 것을 말하거나 밝힐 책임을 말하고 있다는 것이다. 바로 이것이 가장 단순한 형태의 강해다.

이렇게 강해에 관해 기술하는 구절들 외에도 성경에는 그에 관한 명령이 포함되어 있다. 베드로는 언변의 재능을 지닌 사람들이 "하나님의 말씀을" 말해야 한다고 말한다(벧전 4:11). 물론 이들 중에는 설교자가 포함된다. 하지만 강해에 관한 가장 간결하고도 직접적인 명령은 바울이 디모데에게 한 지시다. "내가 이를 때까지 읽는 것과 권하는 것과 가르치는 것에 전념하라"(딤전 4:13)라는 이 명령은 리더십, 강해, 목회 사역 사이의 중요한 관계를 드러낸다. 바울은 설교에 관한 지시를 디모데의 전반적인 목회적 리더십과 하나로 연결시키고, 이 둘을 분명하게 구분하지 않는다. 바울은 디모데가 모임에서 성경을 강해하는 것이 목사로서 리더십의 핵심인 것처럼 말한다.

이 구절의 직접적인 배경을 보면 이와 같은 해석이 더 분명해진다. 디모데전서 4장 6-16절은 강단에서 하나님의 백성들을 이끌기 위한 몇 가지 중요한 원칙들을 제시한다. 그리고 각 원칙은 리더십, 목회 사역, 성경 강해 사이의 교차점을 보여준다. 이 원칙들의 핵심은 강해적 리더십이 성경적이라는 근거를 마련해준다. 이 구절에서 알 수 있듯 하나님의 말씀은 설교 메시지의 원천과 내용이 될 뿐 아니라, 목사로서 말씀의 충실한 강해를 통해 하나님의 백성을 이끌 때 취해야 할 태도와 접근법을 규정한다.

목사의 동기는 주님이다

많은 목사가 리더가 되지 못하는 이유는 리더가 되기를 원하기 때문이다. 이상하게 들릴지 모르지만, 리더십은 복음 사역의 궁극적인 목표나 성공의 기준이 아니라는 점을 이해해야만 한다. 목사들에게 리더십을 주제로 한 수많은 책과 콘퍼런스, 세미나, 수업이 잘못된 열정을 심어주고 있다. 세상은 리더십을 가장 큰 노력을 쏟아부어야 할 가장 중요한 품성이자 기술로 치켜세우기 때문이다. 하지만 복음의 리더십은 전혀 다르다. 복음은 사람들에게 영향을 미치고 조직을 지배하기 위한 기술을 개발하는 것이 좋은 리더가 되는 방법이 아니라고 분명히 말한다. 좋은 리더가 되는 길은 오히려 좋은 종이 되는 것이다(마 20:25-28, 막 9:35).

이 흥미로운 리더십의 원리에 따라 사는 삶은 다른 사람을 섬기는 데 주력하는 것으로 시작되지 않는다. 그것은 이 원리를 정하신 주님, 곧 주 예수 그리스도를 섬기는 데서부터 시작된다. 사도 바울은 젊은 제자가 그런 종이 되기를 갈망하기를 기대한다. "네가 이것으로 형제를 깨우치면 그리스도 예수의 좋은 일꾼(종)이 되어"(딤전 4:6). 여기서 종은 노예로서의 복종과 종속을 강조하는 단어 '둘로스'(doulos)가 아니다. 여기서 사용된 단어는 주로 다른 사람을 쓸모 있게 섬기는 사람에게 사용되는 '디아코노스'(diakonos, 고전 4:1-2, 고후 3:6, 6:4 참고)다. 바울은 디모데가 예수님과의 관계에서 그런 역할을 갈망할 것이라고 가정한다. 따라서 모든 목사의 동기는 사람들의 리더가 되는 것이 아니라 주님의 쓸모 있는 종이 되는 것이어야 한다. 사람들을 잘 이끌려면 예수님을 잘 섬겨야 한다.

그렇다면 어떻게 목사는 쓸모 있게 우리 주님을 섬길 수 있는가? 복음 사역에 다양한 방법이 있지만, 바울은 주님의 '좋은 종'이 되기 위한 구체적인 자격 요건들을 제시한다. 그리고 바로 그 구절이 목회적 리더십과 성경 강해가 교차하기 시작하는 지점이 된다. 먼저 바울은 "네가 이것으로 형제를 깨우치면" 그런 섬김이 이루어진다고 말한다(딤전 4:6). 바울은 이 서신에서 '이것'이라는 표현을 여덟 번 사용한다. 그것은 기도, 겸손, 권위, 복종, 목사와 집사의 자격, 파괴적인 율법주의 등 그가 다루어 온 실천적이고 교리적인 이슈들을 요약한 말이다.

디모데와 마찬가지로 모든 목사는 교인들이 이런 이슈들과 그 외에 많은 이슈 속에서 올바로 믿고 순종적으로 살도록 이끌어야 한다. 그러기 위해서는 먼저 설교와 가르침을 통해 교인들을 "이것으로 깨우치"는 것으로 출발해야 한다. 여기서 바울이 사용하는 언어는 겸손하게 일깨워 부드럽게 설득한다는 개념을 내포하고 있다. 목사는 교인들이 올바로 생각하며 살도록 하나님의 말씀을 친절하게 설명하고 적용해주어야 한다. 우리는 웨이터처럼 교인들에게 말씀이라는 양식을 제공해야 한다. 그리고 보석상처럼 그들 앞에 값진 보석들을 보여주어야 한다.[2)] 좋은 설교로 교인들을 잘 이끌려면 우리는 주님의 좋은 종이 되어야 한다.

목사는 설교를 잘할 때 좋은 종이 되는데, 잘 배워야 설교를 잘할 수 있다. 바울은 그리스도를 위한 디모데의 섬김과 하나님의 백성들에 대한 그의 리더십이 설교 사역에서 교차한다고 말한다. 그것은 그가 "믿음의 말씀과 네가 따르는 좋은 교훈으로 양육을 받"았기 때문이다(딤전 4:6). 여기서 양육은 아이를 기르고 교육하는 것을 비유한 것이다. 그리고 바울은 현재 시제를 사용하여, 디모데가 교인들을 믿음으로 훈련시키는 예수님의 좋은 종이 되도록 스스로 영적인 양식을 계속 먹기를 바란다는 뜻을 드러낸다.[3)]

우리는 리더십을 요구하는 여러 가지 다른 목회적 책임 때문에 하나님의 말씀을 공부하는 일을 등한시하는 목사들의 이야기를 정말 자주 듣는다. 하지만 영적 영양 공급을 위해 성경을 공부하고 설교를 준비하면 목회적 리더십에 직접적인 도움이 된다. 설교를 잘하면 잘 이끌 수 있고, 잘 공부하고 배우면 설교를 잘할 수 있다. 목사가 주님의 진리를 소화시키고, 그분의 복음을 먹고 풍성한 교리를 마시면서 주기적으로 그분을 추구하면 교인들이 "살아계신 하나님의 교회요 진리의 기둥과 터"인 "하나님의 집에서 어떻게 행하여야 할지를 알"도록 이끌 수 있다(딤전 3:15). 그리고 그럴 때 비로소 그는 주님의 '좋은 종'으로 여김을 받을 수 있다.

목사의 목표는 경건이다

리더십은 그 자체가 목적이 아니라 목적지를 포함하는 개념이다. 리더십은 설교에서 적용과 실례가 목적을 위한 수단으로 사용되는 것과 같은 역할을 한다. 우리는 설교에서 '아무거나'가 아니라 '무언가'를 적용하며, 진리를 어떻게 실천해야 하는지 보여주기 위해 적용을 사용한다. 그리고 설교에서 단순히 수사적으로 귀를 즐겁게 하기 위해 실례를 사용하지 않고, '무언가'를 설명하기 위해 사용한다. 우리는 텍스트의 진리를 설명하거나 적용하는 도구로써 이런 요소들을 활용한다. 다시 말해, 설교에서 적용이나 실례는 그 자체가 목적이 아니라 더 큰 목적을 이루기 위해 쓰인다.

비슷한 맥락에서 기독교의 리더십도 자주 오해의 대상이 된다. 리더십은 목사의 삶과 인생에서 그 자체로 목적이 되는 특성이 아니다. 리더십은 언제나 목적지를 포함한다. 우리는 사람들을 그냥 이끄는 것이 아니라 '어딘가로' 이끌어야 한다. 바울에게 그 '어딘가'는 경건이었다. 바울은 디모데에게 "경건에 이르도록 네 자신을 연단하라"라고 말한다(딤전 4:7). 이 경건은 단순한 육체적 훈련과 달리 "금생과 내생에 약속이 있"다(딤전 4:8). 그는 젊은 목사 디모데에게 경건을 추구하기 위해 힘든 노력, 심지어 고난까지 감내할 가치가 있다고 말한다. 우리가 "소망을 살아 계신 하나님께" 두기 때문이다(딤전 4:10).

경건은 인류가 원래 창조되었던 하나님의 형상(*imago Dei*)으로 재창조되는 것과 동의어다(창 1:26-27). 경건은 우리의 죄로 인해 왜

곡되고 뒤틀리고 퇴화되었지만 이제 그리스도의 역사를 통해 우리 안에 회복되고 있는 신성한 모습이다. 그래서 바울은 디모데에게 스스로 경건을 추구하고 교인들을 경건으로 이끌라고 말한다. 그것은 예수님이 "모든 사람 특히 믿는 자들의 구주"시기 때문이다(딤전 4:10). 경건은 오직 복음을 통해서만 가능하다(골 3:10, 엡 4:24).

경건으로 가는 이 여행은 우리의 죄가 사함을 받고 하나님과 화해한 후(롬 5:1), 그리스도의 죽음과 부활을 통해 그분의 삶이 우리 안에서 회복되는(롬 5:8-10) 칭의의 순간에 시작된다. 이 여행은 평생에 성화 과정을 거치며 계속된다. 성화는 우리 안에서 나타나는 그리스도의 영의 역사를 통해 우리가 점점 하나님을 닮아가는 과정이다(고후 3:18, 4:16). 언젠가는 이 과정이 영화로 완성될 것이다. 그리스도가 다시 오실 때 우리는 마침내 온전히 그분과 같이 될 것이다(요일 3:1-3). 그러므로 목사의 리더십은 그가 자신과 교인들을 이 목적지를 향해 점진적으로 이끌고 있는지를 보면 알 수 있다. 그가 지닌 리더십 능력이나 목회하는 교회의 크기, 사역의 범위는 중요하지 않다. 그가 자신과 교인들이 예수님을 더 닮도록 이끌고 있지 않다면, 복음 사역에 관해서는 리더십을 잘 발휘하고 있는 것이 아니다.

사실상 우리 자신과 교인들을 위해 경건을 추구하려면 이 구절들에 담긴 목회적 리더십과 설교 사이의 또 다른 교차점을 보아야 한다. 바울은 젊은 목사 디모데가 지켜왔고 교인들에게도 가르칠 책임이 있는 "믿음의 말씀과…좋은 교훈"(딤전 4:6)을 언급한 직후에 "망령되고 허탄한 신화를 버리"(딤전 4:7)라고 경고한다. 오늘날의 그리스도인들처럼 디모데가 사역하던 교회의 교인들도 하나님의 진리를 왜곡한 메시지들로 공격을 받았다. 날조한 전설들로 구약의 역사를 오염시키고, 구약의 가계도에서 문자적 가치를 제거하고 그것을 상징적으로 해석하는 일이 벌어지고 있었다. 이 모든 것이 성적 금욕과 음식 규제를 통해 영적 엘리트임을 과시하려는 악마적 금욕주의와 결합되어 있었다.4)

그래서 바울은 디모데에게 건전한 교리를 선포하여 이단에 맞서며 믿음을 위해 싸우라고 촉구한다. 바울도 유다처럼 제자 디모데에게 신자가 구원받는 놀라움에 관해서 글을 쓰고 싶었을지 모른다. 하지만 거짓 교리의 공격으로 인해 디모데에게 "성도에게 단번에 주신 믿음의 도를 위하여 힘써 싸우라"라고 촉구할 필요가 있었다(유 1:3). 이것이 모든 목사의 책임이다. 하나님의 진리는 원수의 거짓에 유일하게 맞설 수 있는 진짜 무기다. 교인들에게 자양분이 되는 진리를 설명하는 일은 영양가 없는 꾸며낸 이야기, 허탄한 신화, 세상의 지혜를 먹이는 것과 현저한 대조를 이룬다. 이 모든 것에는 하나님이 완전히 제외되었기 때문에 경건을 낳을 힘이 전혀 없다(골 2:22-23).

하나님은 그분의 진리를 신자들이 경건의 능력을 갖추게 하는 주요 수단으로 삼으셨다(벧전 2:2). 예수님은 아버지께 이렇게 기도하셨다. "그들을 진리로 거룩하게 하옵소서 아버지의 말씀은 진리니이다"(요 17:17). 목사로서 우리는 많은 것으로 교인들을 이끌 수 있다. 그러나 그중에서 경건이 우리 자신이나 교인들을 위해서 첫 번째가 되어야 한다. 우리는 성경적 리더십을 통해 교인들을 이 목적지로 이끌고 하나님의 진리를 충실하게 강해해야 한다. 그럴 때 교인들이 하나님의 형상으로 변해갈 수 있다.

목사는 설득력 있게 커뮤니케이션을 해야 한다

많은 신학교가 그렇듯 우리 학교의 설교 커리큘럼에는 실천적인 활동이 포함되어 있다. 그것은 학생들이 학우들과 교수 앞에서 설교한 후 그들에게 피드백을 받는 활동이다. 그런데 학기마다 많은 젊은 설교자에게서 똑같은 문제들이 발견된다. 자주 보이는 문제 중 하나는 설교를 권위 있게 하지 못하는 것이다. "네가 중요한 것을 말하고 있다는 점을 내게 설득시키라. 네가 말하는 것을 정말로 믿는 것처럼 설교하라!" 우리는 학생들에게 계속해서 이렇게 말한다.

설교를 권위 있게 하지 못하는 이유는 여러 가지다. 그중 하나는 학우들과 교수 앞에서 뿐 아니라 아예 설교한 경험이 없는 데서 오는 자연스러운 긴장 때문이다. 그리고 권위주의적이거나 교만하게 보일까 봐 두려워하기 때문이다. 또 다른 이유는 현대 설교가 청중에게 부담을 주지 않고 대화적인 방식으로 이루어지는 경향이 있기 때문이다. 어떤 이유에서든 설득력과 권위가 없는 수동적인 설교가 현대 교회에서 너무도 흔하게 나타나고 있다.

바울은 젊은 제자가 이렇게 되지 않기를 바랐을 것이다. 그래서 그는 디모데에게 "너는 이것들을 명하고 가르치라"(딤전 4:11)라고 지시한다. 이 말은 이어지는 나머지 구절의 주제인 설교 사역을 강조한다. 강해적 리더십의 근거가 되는 이 말은 디모데의 리더십, 설교, 목회 사역 사이의 분명한 교차점 역할을 한다. "명하라"라는 단어는 권위 있게 지시하거나 명령하라는 뜻이다. "가르치라"라는 단어는 교육한다는 의미를 내포한다. 바울은 이 두 단어를 동시에 사용하여 진리로 교인들을 교육하고, 그들이 진리에 순종하도록 권면하라고 디모데에게 지시했다. 두 단어의 조합은 목회 서신 안에 자주 나타난다(예를 들어, 딤전 6:2, 딤후 2:2, 딛 2:15). 바울은 디모데에게 청중이 말의 무거움을 느끼는 동시에 그 말에 순종할 준비를 하도록 설교하라고 말했다. 그리고 디모데가 하나님의 진리를 설득력 있게 전하기를 바랐다.

이 명령에 따라 교인들의 마음을 움직이는 일은 젊은 목사 디모데에게 결코 쉬운 일이 아니었다. 오늘날 교회의 목사들과 마찬가지로 그의 앞에는 걸림돌이 많았다. 일단 문화적 압박이 있었다. 로마 제국이 무너지기 시작하면서 네로 황제는 그리스도의 제자들에 대한 핍박의 수위를 높였다. 실제로 디모데는 기독교 운동의 목소리였던 자신의 스승을 곧 잃었다. 로마 정부는 이미 바울을 주목하고 있었고 그는 결국 로마 정부의 손에 처형당했다. 또한 디모데는 경험이 없었다. 그래서 그의 교인들 중 일부는 디모데의 리더십을 따르는 것을 탐탁지 않게 여겼다(딤전 4:12). 게다가 당시 디모데의 몸이 조금 좋지 않았던 이유로 바울은 그에게 포도주를 먹으라고 권했다(딤전 5:23). 무엇보다도 바울의 서신들을 보면 디모데는 천성적으로 소심한 사람이었다(딤후 1:7-8, 고전 16:10-11). 그는 말로 사람들의 마음을 움직이고 주도하는 것이 편하지 않았다. 이 모든 것이 디모데가 자신 있게 설교하지 못하게 만든 요인이었을 것이다.

대부분의 목사들은 디모데가 마주한 상황들 가운데 최소한 몇 가지에는 공감할 것이다. 우리의 사역과 메시지를 향한 세속 문화의 반발은 점점 더 격화되고 있다. 우리는 멘토들이 떠나고 없을 때 찾아오는 외로움과 불안감을 잘 안다. 사역 리더십의 경험이 부족하거나 새로운 사역이 낯설어 부담감을 느끼기도 한다. 자신이나 가족들의 건강 문제로 고생하는 경우도 있다. 사람들 앞에서 말하거나, 목회적 리더십의 다른 측면에 크게 도움이 될 만한 은사가 없거나, 성격이 소심해서 고생하는 목사들도 많다. 이런 상황에서 목사는 강단에 오를 때 자신감을 잃을 수 있다. 그래서 청중과 커뮤니케이션이 잘 이루어지지 않고 권위 없이 말하게 된다.

목사가 개인적 또는 상황적인 이유로 강단에 설 때 자신감이 떨어지면 어떻게 해야 할까? 바울이 명하고 가르치라고 한 대상에 답이 있다. "너는 이것들을 명하고 가르치라"(딤전 4:11)라는 구절처럼, 바울은 서신에서 디모데가 목회적 리더십 가운데 다루기 원하는 실천적이고 교리적인 이슈들에 대해 "이것들"이라는 표현을 자주 사용한다. 하지만 여기서 "이것들"은 그가 다루어온 문화적이고 교리적인 주제들에만 국한되지 않는다.

여기서 바울이 말하는 "이것들"은 사도들의 가르침 전체를 의미하며, 심지어 성경의 계시 전체를 가리킨다. 나중에 사도 베드로는 바울의 글들도 하나님의 영감으로 된 성경의 나머지 부분들과 동급으로 보아야 한다고 선언한다(벧후 3:15-16). 그리고 바울은 디모데에게 쓴 다음 서신에서 이렇게 말한다. "또 네가 많은 증인 앞에서 내게 들은 바를 충성된 사람들에게 부탁하라 그들이 또 다른 사람들을 가르칠 수 있으리라"(딤후 2:2). 디모데는 하나님이 바울의 선포와 펜을 통해 자신에게 명령하신 모든 것을 사람들에게 전해야 했고, 다시 그의 청중은 그 모든 것을 다른 사람들에게 전해야 했다. 이런 식으로 하나님의 말씀을 맡은 청지기 역할은 기독교 역사 내내 계속되어 지금까지 이어지고 있다.

바로 여기에 목사의 권위가 있다. 이것이 우리가 설교로 명령하고 설득할 수 있는 이유다. 오늘 우리는 사도의 지시라는 권위에 따라 설교를 하며, 우리가 설교하는 내용은 하나님의 초자연적인 계시에 관한 기록에서 온다. 우리는 이 계시가 오류가 없고 사람들의 삶 속에서 하나님의 구속적 목적을 이루기에 충분하다는 점을 안다. 우리의 메시지는 우리 자신의 것이 아니다. 성경은 설교자가 받은 권위를 여러 이미지로 기술한다. 우리는 누군가의 재산을 맡은 청지기로 부름받았다. 우리는 누군가의 씨앗을 뿌리는 자로 부름받았다. 우리는 누군가의 메시지를 전하는 전령으로 부름받았다. 우리는 누군가를 대표하는 사자로 부름받았다! 우리는 우리 자신의 것이 아닌 권위로 설교하고, 자신에게서 비롯되지 않은 메시지를 전한다.

목사들은 사도적 권위의 오랜 유산 위에 서 있을 뿐 아니라 충성스러운 강해 설교자들의 긴 대열 속에 서 있다. 권위를 위임받고 메시지를 받았다면 우리를 임명하신 분을 정확히 보여드려야 한다. 우리가 하는 말에는 우리가 제시하는 주님의 본성과 메시지가 정확히 드러나야 한다. 강해는 설교의 한 형태가 아니라 하나의 과정이다. 그것은 하나님이 말씀하신 "이것들"을 해석하고 나서 현대의 청중이 그분의 음성을 듣고 그분의 형상으로 변화될 수 있도록 그들에게 설명해주는 과정이다.

목사는 존경을 받아야 한다

"항상 복음을 전하되, 필요하면 말을 사용하라."

이 익숙한 문구는 아시시의 프란시스(Francis of Assisi)가 한 말로 알려져 있지만, 누구의 말이든 복음을 증언하는 데 삶으로 드러나는 모습이 가장 중요하다는 뜻임은 분명하다. 하지만 사실 이 문구에는 오해의 소지가 많다. 우리가 아무리 도덕적으로 흠 없는 삶을 살더라도, 사람들은 끝내 무엇이 우리 삶을 변화시켰는지 모른 채 죽어서 지옥에 갈 수 있기 때문이다. 누구든 복음의 메시지를 듣고 받아들이지 않으면 구원을 받을 수 없다(롬 10:14, 골 4:5-6, 벧전 3:15).

하지만 위의 문구에 맹점이 있다 해도 우리의 말과 행동 사이에 관계가 있다는 점을 부정할 수는 없다. 설교와 관련해서는 특히 더 그렇다. 사도 바울은 당시 삼십 대 초반 또는 중반으로 추정되는 젊은 디모데가 목회적 리더십에서 고충을 겪는 것을 알았다. 일부 사람들은 디모데가 젊다 하여 그를 크게 존경하지 않았다. 젊은 사람이 자신보다 나이가 많은 청중 앞에 서서 명령하고 가르칠 때(딤전 4:11) 이런 반응은 충분히 이해할 만하다. 그래서 바울은 디모데에게 "누구든지 네 연소함을 업신여기지 못하게 하"라고 권했다(딤전 4:12). 바울은 디모데가 설교하기 위해 강단에 설 때 교인들이 단순히 어리다는 이유로 그를 깔보고 그의 가르침을 무시하지 않기를 원했다.

세상에는 객관적인 것들이 존재한다. 사람의 나이와 경험의 수준이 거기 속한다. 그렇다면 디모데는 어떻게 해야 할까? 어느 날 예배당으로 들어가 갑자기 교인들에게 자신의 나이가 오십이라고 말할 수는 없는 노릇이다. 그리고 물론 설교를 그만두는 것도 있을 수 없는 일이다. 연로한 사도 바울은 이에 대해 "믿는 자에게 본이 되"라는 답을 내놓는다(딤전 4:12). 바울은 디모데에게 본보기가 되어 설교의 신뢰성을 높이라고 말한다. 다시 말해, 행동으로 사람들의 존경을 얻으라는 것이다.

여기서 우리는 리더십, 설교, 목회 사역 사이의 교차점을 볼 수 있다. 목사는 강단 밖에서의 훌륭한 삶으로 강단 위에서의 권위를 뒷받침하여 (설교를 포함한) 자신의 리더십에 대한 많은 비판을 잠재울 수 있다. 이것은 나이에 상관없이 모든 목사에게 해당한다. 바울의 말에 따르면 이는 우리의 '말'이 온전하고, 교훈적이고, 솔직하고, 점잖고, 신중하고, 지혜롭고, 겸손해야 한다는 뜻이다. 그리고 구장에서나 마트에서 우리의 '행동'이 의롭고 흠이 없어야 한다는 뜻이다. 즉 우리 안에 사시는 예수님의 삶처럼 삶의 모든 부분에서 "사랑과 믿음과 정절"이 나타나야 한다는 의미다(딤전 4:12).

우리의 리더십은 경건한 본보기가 되어 강단 위에서든지 밖에서든지 서로 일치해야 한다. 그럴 때 우리에게 맡겨진 사람들에게 권위를 남용하지 않게 된다. 베드로는 목사들이 "맡은 자들에게 주장하는 자세를 하지 말고 양 무리의 본이 되"어야 한다고 말한다(벧전 5:3). 바울은 디모데에게 교인들을 가족으로 보고서 이끌고 지도하라고 가르친다(딤전 4:6, 5:1-2). 우리는 가족에게 상사처럼 굴지 않고, 가족을 마치 쓸모없는 패자를 대하듯 경멸하지 않는다. 목회적 설교에서 종종 볼 수 있는 것처럼 가족에게 겁을 주면서 바르게 행동하라고 요구하지 않는다. 그 대신 바울은 삶으로 교인들에게 본을 보이라고 말한다. 본을 보인다는 말은 교인들이 우리를 본받기를 바란다는 뜻을 함축하고 있다(고전 11:1). 우리는 교인들이 각자의 삶을 통해 그리스도를 높여드리기를 원한다. 그래서 부모가 자식에게 하듯 그들이 따라야 할 본보기를 제시한다. 이런 시각으로 목회 사역에 접근하면 강단 안팎에서 교인들에게 강력한 리더십을 발휘할 수 있다.

나이가 어려서든 이제 막 새로운 현장에서 사역을 시작했기 때문이든 우리는 경험이 부족할 수 있다. 그러나 교인들이 우리의 행동을 높이 평가한다면 우리를 얕잡아 보지 않는다. 그들이 우리의 인격을 존경한다면 단순히 경험이 부족하다 해서 우리를 거부하거나 미워하지 않는다. 반대로, 단순히 우리가 목사직을 맡고 있거나 설교 사역을 감당하고 있다고 해서 사람들이 우리를 존경할 것이라고 기대해서는 안 된다. 따라서 성경적 리더십의 일환으로 우리는 삶과 사역의 모든 영역에서 옳은 모습을 보여 교인들의 존경을 얻어내야 한다.

목사는 설교를 우선순위에 두어야 한다

설교는 목사가 교인들을 이끌기 위한 유일한 방법은 아니지만 가장 우선되는 방법이어야 한다. 최소한 공적 목회에서는 그렇다. 설교는 목사가 매주(때로는 여러 번) 전 교인이 모였을 때 하는 거의 유일한 사역이다. 설교 시간은 목사가 가장 많은 사람에게 말하는 시간이며, 그 시간은 매우 규칙적으로 찾아온다. 지교회의 목사는 개인적인 복음 전도와 제자 양성, 비전과 전략 개발, 회의, 상담, 심방, 결혼식, 장례식 등 많은 일을 한다. 하지만 목사의 최우선사항은 그가 가장 많은 사람을 대상으로 하는 '설교'다.

사도 바울은 디모데가 이 우선순위를 올바로 유지하기를 원했다. 그래서 그에게 "읽는 것과 권하는 것과 가르치는 것에 전념하라"라고 말한다(딤전 4:13). R. 켄트 휴이스(Kent Hughes)와 브라이언 채플(Bryan Chapell)은 바울의 이 지시에 관해서 이렇게 주장한다. "이 간단한 문장은 목사의 주요 업무와 교회 예배를 정의하는 데 매우 중요한 텍스트다."[5] 여기서 "전념하다"라는 단어는 무언가에 자신을 쏟는다는 뜻이다. 이 일이 디모데의 우선 사항이 되어야 했다. 나아가 이 단어는 "개인적으로 사전에 준비한다는 뜻을 함축한다."⁶⁾ 디모데는 공적인 사역에 전념할 뿐 아니라 그 사역을 하기 위한 연구와 준비에도 전념해야 했다. "이것이 그의 삶의 방식이어야 했다."⁷⁾

바울의 말에 따르면, 디모데를 비롯한 모든 목사가 삶을 쏟아야 하는 이 주된 사역에는 세 가지 중요한 요소가 포함된다. 그것은 읽기와 권면과 가르침이다. 첫째로 '회중의 성경 읽기'는 회중 예배 시간에 성경을 큰 소리로 읽는 것을 포함한다. 둘째, 때로 "설교"로 번역되는 '권면'은 도전, 꾸짖음, 설득, 간구, 위로를 통해 해당 구절의 진리를 교인들의 양심 속에 주입하는 것이다. 이것은 적용에 해당하지만, 진리를 따라 행동하기 위한 실천적인 방안에 국한되지는 않는다. 교인들에게서 순종할 의지를 끌어내고, 순종할 때의 복을 알려주고, 순종하지 않을 때의 결과에 대해 경고하는 것까지 포함한다. 셋째, '가르침'은 텍스트의 의미를 설명해주는 것이다. 권면이 의지에 호소하는 것이라면 가르침은 지성에 호소하는 것이다. 가르침은 회중이 진리를 이해하고 올바로 반응하도록 필요한 정보를 제공하는 것이다.

더 말할 것 없이 이것은 바로 성경 강해에 관한 아주 좋은 기술이다! 바울은 젊은 목사 디모데에게 성경을 큰 소리로 읽고, 교인들이 성경을 이해하도록 도우며, 그들이 성경에 순종하도록 촉구하라고 말한다. 달리 표현하자면 성경을 읽고, 설명하고, 적용시키라는 말이다. 어떤 면에서 이 세 가지 요소는 설교가 강해가 되기 위해 타협이 불가능한 최소한의 조건이다. 존 스토트의 말을 들어

보자.

성경을 읽고 나서 강해를 하는 것은 이미 회당에서 행해지던 관행이었다. 이 관행은 기독교의 예배 모임으로 이어져 공중예배 설교의 기원이 되었다. 기독교의 가르침이 강해 설교인 것은 처음부터 당연하게 여겨졌다. 즉 먼저 읽은 구절에서 교훈과 권면이 나왔다.[8]

우리가 이 사역을 '강해'(exposition)라고 부르는 이유는 시간, 문화, 언어, 배경을 비롯하여 성경의 계시를 구성하는 요소의 층을 벗겨내 하나님의 음성을 사람들에게 드러내는(expose) 과정을 포함하기 때문이다.

여기서 목회적 리더십과 성경적 리더십 사이의 결합이 분명히 보인다. 설교는 목사가 교인들을 이끄는 유일한 방식은 아니지만 단연 가장 중요한 방식이다. 목사는 앞서 언급한 모든 사역에서 리더십을 발휘한다. 하지만 어떤 사역도 목사가 성경을 펴서 주기적으로 하나님의 백성들이 그분의 음성을 듣고 이해하고, 그 음성에 순종하도록 이끄는 시간보다 효과적이지 않다. 우리는 목사가 본을 보이는 것이 얼마나 중요한지 이미 살펴보았다. 목사는 교인들의 본보기로서 설교의 효과를 좌지우지할 수 있다. 하지만 리더십의 다른 수단들과 마찬가지로 목사가 본이 되는 모습은 교인들에게 설교자로서의 사역만큼 많이 노출되지 않는다. 설교는 우리가 맡은 양 떼를 이끌고 영향력을 발휘하기 위한 가장 좋은 통로가 된다. 따라서 성경적 리더십은 설교를 우선시할 것을 요구한다.

목사의 소명은 막중하다

오늘날 교회에서 '안수'(ordination)는 다소 복잡한 개념이다. 대다수의 그리스도인들은 안수를 한 개인에게 평신도와 구별된 성직자로서 다양한 종교적 의무를 수행하는 권한을 주는 것으로 생각한다. 안수를 요구하는 교단도 있지만 그러지 않은 교단도 있다. 공식적으로 안수를 받은 목사도 있지만 그러지 않은 목사도 있다. 어떤 이들은 이것이 성경적 개념이라고 믿지만, 성경에 이 주제에 대해 아무런 언급이 없다고 믿는 이들도 있다. 안타깝게도 이 관행을 받아들이는 교단, 교회, 개인도 안수를 단순한 형식으로만 행할 때가 많다. 결혼식을 진행할 자격을 얻거나 세금을 면제받도록 서류에 도장을 찍는 일 정도로 여기는 경우도 많다.

안수를 어떻게 부르든, 공식적인 의식으로 받아들이든 그러지 않든 사도 바울은 지교회가 어떤 식으로든 개인을 교회의 리더로 구별해야 한다는 뜻을 내비친다. 바울은 디모데에게 "네 속에 있는 은사 곧 장로의 회에서 안수 받을 때에 예언을 통하여 받은 것을 가볍게 여기지 말"라고 한다(딤전 4:14). 그리고 나중에 "내가 나의 안수함으로 네 속에 있는 하나님의 은사를 다시 불일 듯하게 하기 위하여 너로 생각하게 하노니"라고 하며 다시 권면한다(딤후 1:6). 분명 바울은 안수를 공식적인 의식이나 면허, 세제 혜택을 위한 것으로 보지 않았다. 어떤 일이 수반되든 안수는 디모데의 삶을 향한 하나님의 부르심 가운데 무게 있는(심지어 초자연적인!) 역할을 했던 것이 분명하다.

바울은 무엇을 이야기한 것일까? 우리가 원하는 역사적 정보를 다 얻을 수는 없지만, 디모데를 향한 하나님의 부르심을 확인할 수 있는 세 가지 요인이 있었던 것으로 보인다. 손을 얹는 '안수'와 '예언'과 '은사'가 그것이었다. '안수'는 성령이 디모데를 부르신 방식이었다(딤전 1:18). 이는 성령이 안디옥에서 바울과 바나바를 "부르신" 방식과 매우 비슷했다(행 13:1-3). "장로의 회"가 디모데에게 안수한 것은 그 소명을 교회가 인정하고 승인하며 확증한 것을 의미했다. 이 요소들은 모두 지교회가 개인을 복음 사역자로 부를 때 그가 맡는 중요한 영적 역할을 강조한다. 때로는 개인이 하나님의 부르심을 먼저 느끼고 교회가 나중에 확증하기도 한다. 교회가 먼저 소명을 알아보고 개인에게 그 소명을 받아들이도록 격려하는 경우도 있다. 전반적으로 하나님이 개인을 복음 사역으로 부르시는 일은 둘 중 하나만으로 이루어지는 경우가 별로 없다. 대개 그리스도의 영과 그분의 몸 사이의 아름다운 협력으로 이루어진다.

디모데가 받은 이 '은사'는 정확히 무엇인가? 은사가 정확히 무엇인지에 관해서는 의견이 분분하다. 은사는 교회를 세우고, 교회를 다스리고, 참과 거짓을 분별하는 영적 능력으로 여겨져 왔다.[9] 여러 사람이 디모데의 은사가 그의 설교와 관계가 있었다고 공통적으로 주장한다.[10] 그의 설교는 분명 다른 모든 리더십 과업을 아우르는 사역이었다. 이와 관련된 구절인 디모데전서 4장 6-16절과 함께, 바울이 디모데에게 보낸 두 번째 편지에서도 하나님의 말씀을 충실히 전하라고 자주 권면한 것이 이런 결론을 뒷받침한다.

하지만 바울이 했던 권면의 핵심은 단순히 설교의 은사를 발휘하라는 반복적인 촉구가 아니었다. 신약의 언어에서 "가볍게 여기지 말라"라는 명령은 디모데가 설교의 부름을 (버리지는 않더라도) 피하려고 했을지 모른다는 점을 암시한다. 그는 그런 시도를 즉시 멈추어야 했다. 나중에 바울은 그에게 "네 속에 있는 하나님의 은사를 다시 불일 듯하게" 하라고 권면한다(딤후 1:6). 이는 이 은사를 방치하면 계속 유지되지는 않는다는 점을 보여준다. 휴이스와 채플은 설교자로서의 소명과 은사를 "사용하지 않으면 잃는" 것으로 본다.[11] 하나님의 사람이 불경한 이유로 설교의 은사를 버리거나 소홀히 하면 그것을 잃을 위험이 있고, 매년 목회를 떠나는 수많은 목사처럼 될 수 있다. 설교는 더없이 중요하다. 목사들이 정신을 차리고 설교자로서의 소명을 잘 관리해야 한다. 이 소명은 복음의 전진과 교회가 그리스도의 사명을 이루는 데 매우 중요하다.

이전 구절에서의 읽기와 권면과 가르침에 관한 지시와 마찬가지로 이 권면에도 목회적 리더십과 설교 사이의 연결성이 내재되어 있다. 목사들은 교회를 이끌기 위해 초자연적인 '은사'를 받았으며, 우리의 리더십은 설교자로서의 소명과 불가분의 관계에 있다. 따라서 우리는 이 소명을 받아들이고 잘 가꾸어야 한다. 우리는 교회를 세우고, 교회를 관장하고, 참된 교리와 거짓 교리를 분별하는 등 다양한 방식으로 교회를 이끈다. 하지만 모든 리더십 영역은 강단에서의 사역을 통해 이루어지거나 뒷받침된다. 우리는 하나님의 말씀을 충실하게 강해하도록 부름받았다. 설교를 통해 신자들은 그리스도의 형상으로 변해가고 교회 전체가 부목자인 우리를 따라 그리스도를 닮아갈 것이다.

목사로서 삶을 쏟아부으라

"하나님이 첫 번째, 가족은 두 번째, 교회는 세 번째."

많은 목사 후보자가 인사 위원회 앞에서 이 우선순위를 선언해 왔다. 이 순서는 매우 영적인 것처럼 보인다. 교회 사역 때문에 너무 바쁘더라도 가정을 등한시하지 않겠다는 의지를 표현하는 것이라면 더더욱 그렇다. 하지만 이것이 성경적인가? 가정이 목사의 우선순위 목록에서 그리스도의 몸보다 더 높은 위치에 있는가? 복음보다 더? 지상대명령보다 더? 예수님은 "무릇 내게 오는 자가 자기 부모와 처자와 형제와 자매와 더욱이 자기 목숨까지 미워하지 아니하면 능히 내 제자가 되지 못"한다고 말씀하셨다(눅 14:26, 마 10:37). 우리 주님의 우선순위는 다른 것처럼 보인다.

물론 예수님은 목사가 사역으로 인해 가정을 잃거나 가족에게 소홀히 하기를 원하지 않으신다. 하지만 가정을 비롯해서 어느 것도 목회라는 소명에 전념하는 데 방해가 되는 것을 바라지 않으신다. 바울은 디모데에게 "이 모든 일에 전심 전력하여"라고 촉구한다(딤전 4:15). "전심 전력하다"라는 단어는 생각하고, 묵상하고, 계획하고, 온몸으로 참여한다는 뜻이다. 이는 복음 설교자가 설교 사역에 생각과 행동을 모두 쏟아내야 한다는 의미를 함축한다. 그렇다고 해서 꼭 가정을 소홀히 할 필요는 없다. 지혜와 균형이 필요하긴 하지만 예수님은 그분의 은혜로 충분히 감당할 수 없는 자리에 우리를 부르시지 않는다. 그래서 어느 것 하나 타협할 필요 없이 둘 다 동시에 잘 감당할 수 있다. 목사는 충실한 남편이자 아버지인 동시에 복음 선포를 위해 자신의 삶을 쏟아부으라는 주님의 소명에 순종할 수 있다.

리더십, 설교, 목회 사역이라는 핵심 요소들은 바울이 디모데에게 "너의 성숙함을 모든 사람에게 나타나게 하"기 위해 설교에 전념하라고 권면한 이유와 결부되어 있다(딤전 4:15). 나중에 바울은 경건하지 못하여 퇴보하는 사람들을 묘사할 때 "성숙함"에 해당하는 단어를 "나아가라"라는 동사 형태로 사용한다(딤후 2:16, 3:9). 하지만 여기서는 "복음과 일치하는 경건을 가르치는 일에서 발전"하고 있는 것을 묘사하기 위해 이 단어를 사용한다.[12] 스토트는 이 역할을 다음과 같이 명쾌하게 설명한다.

> 사람들은 (기독교 리더들이) 어떤 사람인지뿐만 아니라 어떤 사람이 되어 가고 있는지를 관찰할 수 있어야 한다. 기독교 리더들은 자신이 그리스도 안에서 성숙을 향해 자라가고 있다는 증거를 제시해야 한다. 어떤 기독교 리더들은 눈에 띄는 흠이 전혀 없이 완벽하게 보여야 한다고 생각한다. 하지만 이것이 잘못인 데는 최소한 두 가지 이유가 있다. 첫째, 이것은 위선적이다. 누구도 모든 미덕의 귀감이 되지는 못하기 때문에

그런 척하는 것은 부정직한 것이다. 둘째, 위선은 자신의 리더가 특별하고 심지어 인간이 아니라고 생각하는 사람들을 낙심시킨다.[13]

교인들이 매주 목사의 설교를 들을 때보다 목사가 경건함에서 성장하고 있음을 더 자주 관찰할 수 있는 시간은 없다. 교인들은 우리의 진정성, 인간성, 발전을 보고 듣는다. 그들은 우리가 계속해서 성장하고 배우는 것을 보고 듣는다. 그로 인해 우리의 인도를 따라 예수님을 더 닮은 삶이라는 목적지를 향해 갈 마음을 얻는다. 예수님은 우리가 이렇게 되게 하시기 위해 온 삶을 쏟아부으셨다.

목사의 표리 일치는 필수적이다

표리 일치는 사람의 안과 밖이 같다는 뜻이다. 최근 몇 년간 표리 일치를 강조하는 모습이 나타난 것은 매우 고무적인 일이다. 정치계, 연예계, 경제계를 포함한 많은 영역에서 일종의 표리 일치의 부흥이 일어나고 있는 것처럼 보인다. 제프 아이오그(Jeff Iorg)는 "표리 일치인 사람은 분열되지 않은 온전한 사람이다. 언행의 불일치와 이중 잣대, 이중적인 모습이 전혀 없다! 그 사람은 말과 행동과 기준이 나뉘지 않고 온전하고 완전하다"[14]라고 말한다.

삶의 영역 중에서 복음 사역보다 표리 일치가 더 중요한 영역도 없다. 사도 바울은 리더십, 목회의 책임들, 공적 설교 사역 사이의 관계에 관해서 지금까지 열 개의 절에 걸쳐 젊은 제자를 가르쳐 왔다. 이제 그 모든 것을 요약한 진술에서도 이 세 영역의 교차점이 뚜렷하게 나타난다. 이 권면에서 바울은 강단 안팎에서의 리더십에 관하여 직접적으로 말한다. "네 자신과 가르침을 살"피라는 명령은 디모데 자신의 인격과 행동("네 자신")뿐 아니라 그가 가르치는 교리("가르침")에 관심을 기울이라는("살펴") 말이다(딤전 4:16).

분명 바울은 목사의 목회적 리더십과 설교에서 각각 표리 일치가 나타나기를 바랐을 것이다. 하지만 여기서 그는 두 영역 모두에서 표리 일치가 '동시에' 나타나야 한다는 점에 더 주안점을 두고 있는 것으로 보인다. 다시 말해, 그는 우리에게 개인적인 삶과 설교 사역 사이에 일관성을 보이라고 명령하고 있다. 설교에 전념한다고 해서(딤전 4:15) 자신의 영혼을 돌보는 일을 소홀히 해서는 안 된다. 마찬가지로, 자신의 영혼을 돌본다고 해서 교인들에 대한 설교 사역을 소홀히 해서는 안 된다. 이 두 요소에 쏟는 시간과 관심 사이에는 일관성이 있어야 한다. 이 두 요소가 합쳐져 목사로서 우리가 얼마나 많은 열매를 맺을지를 결정하기 때문이다.

우리의 공적인 사역과 사적인 삶 사이의 일치는 매우 중요하다. 바울의 말대로 그 일치 여부에 많은 것이 걸려 있기 때문이다. 그는 "이 일을 계속하라 이것을 행함으로 네 자신과 네게 듣는 자를 구원하리라"라고 말한다(딤전 4:16). 우리가 이런 균형을 유지하기 위해 끝까지 인내하는 것이 우리 자신뿐 아니라 교인들의 영원한 구원에 필수적이다. 우리의 끈기가 이 구원을 얻게 하는 것은 아니지만 우리가 하는 공적 증언에 신뢰성을 더해준다. 토마스 D. 레아(Thomas D. Lea)와 헤인 P. 그리핀(Hayne P. Griffin)은 다음과 같이 설명한다.

디모데의 인내가 구원을 얻게 한 것이 아니라, 거룩함과 교리적 정통성을 낳는 끈기가 구원으로 향하는 부인하지 못할 증거가 된 것이다. 둘째, 바울은 순종의 끈기가 청중의 끈기를 위한 중요한 요인이라는 점을 암시했다. 설교자가 끈기의 본을 보여주면 그의 양 떼 안에서도 똑같은 품성이 자라난다. 방황하는 영적 리더의 실패는 각종 영적 질병을 교인들에게 전염시킨다.[15]

삶 속의 경건함과 강단에서 강해하는 경건함이 결합되고 일치하면 그것은 구원의 도구이자 증거가 된다. 하나님은 은혜롭게도 이 강력한 복음의 공식을 사용하여 회중이 그분의 말씀에 대한 충실한 강해에 반응하게 해주신다. 이것이 우리의 표리 일치가 성경적 리더십에 필수적인 이유다.

결론

현대 기독교 문화에서 목사들은 리더십에 관한 수많은 자료와 메시지에 노출된다. 그런데 그중에 상당수가 세상의 경영 철학과 잘 구분이 되지 않는다. 안타깝게도 많은 사역 리더가 수시로 변하는 문화에 발을 맞춘다는 명목으로 이런 세상적인 원칙을 받아들였다. 이런 목사들이 찬사를 받는 경우가 많지만, 희석된 메시지로 인해 대개 그들의 리더십은 결국 무너진다. 그들의 메시지는 성경의 텍스트를 존중하지 않는 메시지다. 사회적 영향력을 얻고 세상 문화를 따라가려는 시도는 전혀 성경적이지 않기 때문이다.

아이러니하게도 강해 설교는 이에 대한 해독제로 주목을 받으면서도 비슷한 모순에 빠질 때가 너무 많다. 강해 설교를 옹호하는 많은 사람이 강해 설교의 본질이나 실제에 관해서 분명히 이해하지 못한 채, 그것을 대충 정의하고 융통성 없이 사용한다. 그래서 안타깝게도 성경을 시대에 뒤떨어진 것으로 치부하고 설교를 종교적인 잔소리로 여기며 무시한다. 왜곡된 해법이 현대 교회 리더십의 문제들과 만나면 하나님의 백성들은 "목자 없는 양과 같이 고생하며 기진"하게 된다(마 9:36).

이렇게 다양하고 강력한 "교훈의 풍조"에 맞서 하나님의 백성들을 잘 이끌기 위한 비결은 무엇일까? 적어도 그 출발점은 하나님의 거룩한 말씀에서 나온 설교와 목회적 리더십에 관한 신학으로 철저히 무장하는 것이다. 스토트는 이 점을 강조하면서 목사들에게 교리적 충실성을 바탕으로 실천적인 접근법을 결정하라고 주장한다. "핵심 비결은 특정한 기법들을 터득하는 것이 아니라 특정한 확신들에 사로잡히는 것이다."[16] 듣기 싫어하는 세상 속에서 통찰력 있게 복음 전도의 열정을 유지하라는 권면은 우리의 신학이 방법론을 결정해야 한다는 사실을 기억하게 해준다.

강해를 통해 교회를 이끌 때 전반적으로 이 중요한 순서를 유지해야 한다. 많은 목사가 강해와 설교가 성경의 한 문장에 나타나도 알아채지 못할 뿐 아니라, 이 두 가지가 이면의 성경적 진리를 통해 하나로 결합되어 있다는 점도 보지 못한다. 바울이 디모데전서 4장에 기록한 글은 이 주제에 대해 완전한 성경적 기초가 되지는 않는다. 하지만 성경적 리더십을 통해 성경 강해와 목회적 리더십이 하나로 결합되기를 원하시는 하나님의 의도를 보는 출발점이 될 수 있다.

2장
강단에서의 영적 리더십

"내 말과 내 전도함이 설득력 있는 지혜의 말로 하지 아니하고 다만 성령의 나타나심과 능력으로 하여"(고전 2:4).

브랜드명이 물건의 총칭이 된 경우를 알고 있는가? 혹시 누군가에게 어떤 브랜드의 화장지를 건네며 그것이 클리넥스(Kleenex)라고 당연하게 말한 적은 없는가? 아무 안락의자를 보고 라지보이(La-Z-Boy)라고 부르거나, 아무 전자 태블릿을 보고 아이패드(iPad)라고 부른 적은 없는가? 화장지, 가구, 개인용 전자 기기처럼 집에서 쓰는 물건을 가리킬 때는 그것을 부르는 이름이 별로 문제 되지 않는다. 하지만 중요한 것을 말할 때는 정확하고 구체적으로 논할 필요가 있다.

　우리가 무엇을 '영적'이라고 말할 때는 단순히 기독교 신앙과 관련된 것들을 포괄하여 일컫는 경우가 많다. 또 어떤 대상을 세속적인 것과 구별하는 의미로 그 표현을 사용하기도 한다. 예를 들어, 세상의 리더십과 비교해서 영적인 리더십이라고 말하는 경우가 그렇다. 하지만 강단에서 어떻게 하나님의 백성들을 이끄는 것이 그분의 뜻인지 논할 경우, '영적'이라는 표현은 목적을 가지고 신중히 사용되어야 한다. '영적'이라는 단어는 강해적 리더십에서 성령과 그분의 역사를 지칭한다.

설교로 영적 리더십을 효과적으로 발휘하려면 성경 강해를 통해 우리와 교인들의 삶 속에서 성령의 역사를 어떻게 촉진시킬지 고민해야 한다. 예를 들어, 우리가 자신도 모르는 사이에 성령의 역사를 방해하거나 경시하고 있지는 않은지 살펴보아야 한다. 어떻게 하면 우리 자신을 성령의 리더십에 더 복종시킬 수 있는지도 탐구해야 한다. 목회적 리더십과 직접 연관된 것으로 반드시 영적이어야 하는 설교 사역의 세 가지 요소가 있다. 바로 설교 준비, 설교 전달, 설교 적용이다.

성령을 만나는 설교 준비

대다수의 목사들은 매주 정해진 리듬과 루틴을 따라 설교를 준비한다. 목사는 주중 특정한 날 아침 시간이나 다른 시간에 메시지를 충실하게 준비하기 위해 공부할 시간을 충분히 내어야 한다. 이렇게 개인적으로 정한 시간의 틀 속에서 우리는 설교를 준비할 때 자신만의 접근법을 가지고 있다. 텍스트를 공부하고, 주석을 읽고, 개요를 짜고, 설교를 쓰고, 마지막 수정을 하는 시간은 주로 개인적인 취향과 일정에 따라 이루어진다.

각자의 프로세스를 오랫동안 다듬으면 점점 효율성이 좋아진다. 하지만 조심하지 않으면 이 루틴에 군더더기가 많아지고, 공부는 빈약해질 수 있다. 그러면 우리의 설교는 힘을 잃는다. 설교 준비 중 활력과 친밀함을 유지하고 그릇된 습관을 피하기 위해서는 설교 준비 과정에서 어떻게 성령을 만나고 그분의 역사에 참여할 수 있는지를 아는 것이 중요하다.

설교 준비 중에 성령을 만나는 것은 성령과 텍스트 사이의 내재적 관계를 바탕으로 한다. 성경은 하나님의 계시가 글로 표현된 것이다. 하나님은 성경 기자들을 "감동"시키셔서 글을 쓰게 하셨다(딤후 3:16). 더 구체적으로 말하면 "성령의 감동하심을 받은 사람들이 하나님께 받아 말한 것"이다(벧후 1:21). 이 초자연적인 영감의 역사와 같이 성령의 역할은 성경을 해석할 때에도 필수적이다. 예수님은 성령이 "모든 것을 가르치고" "너희를 모든 진리 가운데로 인도하"시는 것으로 성령의 역할을 말씀하셨다(요 14:26, 16:13). 바울 역시 우리가 성령을 떠나서는 하나님의 생각과 진리를 분간할 수 없다고 설명했다. 하지만 성령은 하나님의 생각과 진리를 우리에게 값없이 밝혀주신다. 성령은 우리가 영적인 사람들에게 영적 진리를 나눌 수 있도록 그 진리를 해석해주신다(고전 2:10-13).

우리는 성경의 텍스트를 공부하고 설교를 준비할 때 성령께 전혀 의지하지 않는 방식이나 공식에 의존하지 말아야 한다. 그 대신, 성령의 해석적 인도하심을 따라야 한다. 이것은 기도를 통해 그분에 대한 의지를 보이는 것으로 시작된다. 하나님 앞에서 겸손히 간구하면서 우리의 마음을 그분께 열어야 한다. 죄를 고백하고 회개함으로 "거룩하고 주인의 쓰심에 합당"하게 되어야 한다(딤후 2:21). 더 나아가, 우리에게 능력을 주시는 성령의 임재 없이는 성경 구절을 올바로 이해하고 해석할 수 없다는 점을 인정해야 한다. 이것은 어떤 신비로운 경험을 찾는 것이 아니다. 단지 우리가 성경을 조금이라도 이해하게 된다면 그것은 성령이 은혜 안에서 우리에게 말씀을 밝혀주셨기 때문이라는 사실을 인정하는 것이다. 그럴 때 성경 구절에 대한 탁월하거나 독특한 해석을 내놓아야 한다는 부담감이 우리에게서 떨어져나간다. 또 우리가 겸손한 기도로 성령의 인도하심을 따르며 조심스럽게 공부할 때, 성경을 기록하도록 영감을 주신 분이 그 의미를 밝혀줄 것이라는 확신을 얻게 된다.

아마도 더 중요한 사실은 성경을 통해 성령을 만나는 일이 단순히 영감과 해석의 문제가 아니라는 점일 것이다. 성경을 읽을 때 우리는 하나님과 직접 상호작용한다. 즉 그분의 음성을 듣는다. 그래서 성경 안에 기록된 말씀을 하나님의 음성이라 자주 부른다. 예를 들어, 사도행전은 다윗의 입을 통해 기록된 말을 "성령이…말씀하신" 것으로 여긴다(행 1:16; 4:25). 사도 요한도 마찬가지로 하나님의 말씀을 선포하면서 "성령이 교회들에게 하시는 말씀을 들을지어다"라고 말하는 경우가 많다(계 2:7, 11, 17, 29; 3:6, 13, 22). 다시 말해, 우리는 성경 텍스트에서 하나님의 영의 임재를 마주하고 그분의 음성을 듣는다.

사실상 이렇게 이해할 수 있다. 즉 성령은 말씀하신 것을 통해 계속해서 말씀하고 계신다. 이것이 우리가 성경을 "살아 있고", 강력하고, 효과적이며 하나님 백성들의 삶 속에서 그분의 목적을 이룰 힘이 있는 것으로 받아들이는 이유다(히 4:12; 사 55:10-11 참고). 성경은 영원한 성령의 음성이다(히 9:14). 성령은 모든 세대에 계속해서 적용되며 영원히 존재하여 시대를 초월한 진리를 알려주신다(벧전 1:25). 따라서 우리가 하나님의 말씀을 깊이 파고드는 것은 단순히 설교를 준비하기 위해 공부하는 것이 아니다. 그것은 하나님의 임재 속으로 들어가 그분의 영을 만나는 것이다.

이것은 설교자들에게 크게 두 가지 의미를 시사한다. 첫째, 말씀을 통해 성령을 만나면서 변화되기를 추구해야 한다. 흔히 설교하기 전에 목회자로서 텍스트의 진리를 우리 삶에 적용하는 것이 중요하다는 점을 강조한다. 하지만 여기서 끝이 아니다. 우리는 텍스트를 삶에 적용할 뿐만 아니라 하나님의 임재 안에 있는 결과로 변화되어야 한다. 모세가 시내산에서 하나님과 이야기를 나눈 뒤에 내려오고(출 34:29-35), 사도들이 산헤드린에서 고발자들 앞에 섰을 때(행 4:13) 그들이 하나님과 함께 있었다는 사실이 분명히 드러났다. 우리도 그래야 한다. 하나님의 말씀을 통해 그분의 영을 만난 결과로 삶이 달라져야 한다. 이로 인해 텍스트와 설교 준비에 접근하는 우리의 방식이 바뀌어야 한다. 하나님과 늘 동행하고 삶이 변화되는 것이 우리의 주된 목표이자 궁극적인 목표가 되어야 한다.

하나님의 말씀을 통해 성령을 만나는 것의 두 번째 의미는 우리의 설교 및 교인들과 관련이 있다. 우리가 성경을 공부하는 접근법이 변하듯 성경을 강해하는 접근법과 그 강해를 듣는 교인들의 접근법도 변해야 한다. 교인들이 하나님 말씀의 초자연적인 능력을 깨닫도록 돕고, 성경을 펼 때 텍스트를 하나님과의 만남으로 여기도록 그들을 가르쳐야 한다. 그러기 위해서 하나님의 말씀을 신중하게 설명하고 "여호와가 이와 같이 이르셨다"라고 확신 있게 선포해야 한다. 교인들이 성경을 통해 하나님을 만나고, 우리의 음성을 성령의 음성으로 오해하지 않도록 우리의 설교는 철저히 텍스트 중심이어야 한다. 바로 이것이 강해를 통한 영적 리더십의 가장 기본적인 차원이다.

성령과 텍스트 사이의 상징적인 관계 외에도 설교를 통해 성령을 만나려면 텍스트 속의 영을 고려해야 한다. 텍스트를 해석해주시는 성령과 그분이 의도하신 텍스트의 의미를 헤아리는 것이다. 텍스트 안에서 신비로운 의미를 발견해야 한다는 말은 아니다. 저자이신 하나님이 본래 의도하신 의미를 찾기 위해 역사적·문법적·신학적 주석을 인정하고 실천해야 한다. 그리고 하나님의 의도가 성경 기자의 의도와 충돌하지는 않되 단락에 내재된 의미를 초월한다는 점을 인정해야 한다. 텍스트의 의미는 살아 있는 말씀과 기록된 말씀의 점진적인 계시를 통해 구속의 역사를 따라 확장되고 있다. 따라서 저자의 의도에 따라 텍스트에 표현된 의미는 역사 전체를 아울러 모든 사람에게 적용된다. 거기에는 우리의 청중까지 포함된다! 설교자들에게 이 사실이 중요한 이유는 모든 성경이 시대를 초월해서 적용된다는 점을 확증해주기 때문이다. 그래서 우리는 역사적 텍스트를 현대의 청중에게 선포할 수 있다.

우리는 '텍스트의 정신'도 인정해야 한다. 이는 성경 구절을 문자적으로 이해하되 해석을 제한하여 특정한 명령이나 원칙에 담긴 영적인 의미를 부정하지 않는 것이다. 텍스트는 명백하게 진술된 진리를 의미하기도 하지만, 측량할 수 없이 깊은 하나님의 말씀은 우리가 탐구하고 해석해야 할 내용을 훨씬 더 많이 품고 있다. 가장 분명한 사례는 예수님이 산상수훈에서 구약의 율법을 설명해주신 것이다. 예수님은 여섯 개의 율법을 구체적으로 인용하시면서 "율법의 자구(字句)"에는 언제나 "율법의 정신"이 포함된다는 개념을 설명하셨다(마 5:21-48). 그렇다고 해서 텍스트에 나타난 의미 이상으로 우리가 마음대로 구속력과 권위를 가지고 말할 권리가 있는 것은 아니다. 다만 텍스트의 표면 아래로 들어가 그 성경적·신학적 기초를 이해할 필요는 있다. 그래야 피상적인 순응이 아닌 진정한 순종이 가능하다.

이렇게 깊게 들어가려면 영원토록 불변하는 성경의 의미가 단순히 오래 가는 진리와 원칙들의 결과로 설명될 수 없고, 성경의 궁극적인 원천이요 성취이신 그리스도에게서 나온다는 점을 인정해야 한다. 그리고 이 지점에서 텍스트 속의 성령을 만나야 한다. 예수님은 자신이 율법과 선지자를 완성하기 위해 오셨다는 선포로 이 사실을 인정하셨다(마 5:17). 예수님은 제자들에게도 "모세와 모든 선지자의 글로 시작하여 모든 성경에 쓴 바 자기에 관한 것을 자세히 설명하시"며 그 내용을 확인시켜주셨다(눅 24:27). 나아가 모세의 율법과 선지자의 글과 시편에 자신을 가리켜 기록된 모든 것이 구속 사역과 부활로 이루어질 것이라는 말씀으로도 제자들에게 분명히 알려주셨다(눅 24:44).

성경에 대한 이런 그리스도 중심적인 관점과 해석은 그리스도를 영화롭게 하고 그분을 증언하는 성령의 주된 역할을 반영한다(요 16:14-15). 다시 말해, 성경은 언제나 영감을 주시는 성령의 역사를 통해 예수님 안에서 궁극적인 의미와 성취를 찾도록 의도되었다. 따라서 성령이 해석을 인도하실 때 우리는 텍스트에서 그리스도 중심적인 의미를 분별해야 한다. 즉 우리의 악한 상태를 깨닫고, 그리스도 안에서 궁극적으로 성취된 구속의 진리를 발견하며, 우리를 그리스도를 닮도록 변화시키는 믿음의 반응으로 나아가야 한다. 물론 이런 변화의 역사도 성령이 이루어주신다(고후 3:18)!

우리가 설교를 준비할 때 텍스트의 성령을 만나면 그분은 우리가 해당 구절을 해석하고, 그분이 의도하신 그리스도 중심의 의미를 전달하는 설교를 준비하도록 도와주신다. 나아가 성령은 우리가 예수님을 닮아가도록 역사하신다. 그럴 때 비로소 우리는 말씀의 진리를 통해 복음의 능력으로 변화되라고 촉구할 수 있다. 성령을 만나는 설교 준비를 통해 우리의 삶과 설교에서 그리스도를 높이면, 성령의 역사에 협력하여 교인들도 그분의 임재를 경험하고 삶이 변화될 수 있다. 바로 이것이 강단에서 발휘하는 영적 리더십의 핵심이다.

성령의 능력으로 전하는 설교

아마도 설교의 여러 측면 중 설교 전달은 성령의 역사와 가장 연관이 깊을 것이다. 성경에는 성령 충만한 설교를 구성하는 특징이 나열되어 있지 않다. 따라서 설교자가 성령으로 설교를 전달하고 있다고 판단할 수 있는 명확한 기준을 정하기는 어렵다. 많은 사람이 열정적이고 박력 있는 설교를 기름 부음받은 설교와 연관 짓지만, 그것이 꼭 성령의 역사를 의미하지는 않는다. 성경에서 설교를 위해 하나님이 능력을 주심을 언급하고 있지만(행 4:31, 눅 4:18, 고전 2:4) 분명하게 정의하고 있지는 않다. 그렉 하이슬러(Greg Heisler)는 성경의 기술에 근거하여 "성령의 능력 주심"이 더 좋은 단어라고 주장한다. 이 단어가 "기름 부음"에 대한 고정관념을 피하면서도 "설교를 위한 성령의 능력의 역학"을 잘 담아내기 때문이다.1)

성령 충만한 설교에 관한 전통적인 묘사들과 관련해서는 의견이 분분하지만, 설교 전달이 강단에서 발휘되는 영적 리더십에서 중요한 부분을 차지하는 것은 확실하다. 따라서 성령의 능력으로 전하는 설교의 요소들을 염두에 두는 것이 중요하다. 우리가 설교 전달의 특정한 방법을 정해서 개발하는 것은 옳지 않다. 그런 방식으로 성령의 임재를 만들어낼 수 없다. 성령의 능력 주심은 오직 기도로 시작된다.

성령은 우리의 모든 기도 생활에 필수적이다. 성경에 주님 앞에 엎드려 "모든 기도와 간구를 하되 항상 성령 안에서 기도하"라고 기록되었기 때문이다(엡 6:18). 그런데 흥미롭게도 바울이 에베소 교인들에게 자신을 위해 성령 안에서 기도하라고 부탁할 때 그 부탁에는 "내게 말씀을 주사 나로 입을 열어 복음의 비밀을 담대히 알리게 하옵소서 할 것이니…나로 이 일에 당연히 할 말을 담대히 하게 하려 하심이라"라는 내용이 포함된다(엡 6:19-20). 이와 비슷하게 그는 골로새 교인들에게 "또한 우리를 위하여 기도하되 하나님이 전도할 문을 우리에게 열어 주사 그리스도의 비밀을 말하게 하시기를 구하라…그리하면 내가 마땅히 할 말로써 이 비밀을 나타내리라"(골 4:3-4)라고 부탁했다. 바울의 기도와 중보를 위한 부탁으로 볼 때, 성령의 능력으로 하는 설교 전달의 다양한 측면(담대함에서 명확함까지)은 분명히 성령이 이끄시는 기도로 시작된다.

우리가 하나님의 능력 주심을 위해 기도할 때, 우리의 설교에서 성령의 역사에 협력하여 그분의 능력이 나타나도록 하는 중요한 요소들이 있다. 성령의 능력으로 하는 선포의 분명한 특징 중 하나는 성령의 감동으로 나오는 열정이다. 우리의 설교 전달에서 이 모습이 나타나야 한다. 이것은 감정적인 뜨거움이나 목소리의 강도, 언변을 의미하지 않는다. 사실 바울은 자신의 설교를 전혀 다르게 묘사했다. 그는 "약하고 두려워하고 심히 떨었노라…설득력 있는 지혜의 말로 하지 아니하고"라고 말했다(고전 2:3-4). 동시에 그는 자신의 설교에 대해 "성령의 나타나심과 능력으로" 전했다고 주장했다(고전 2:4). 박력이나 언변, 연설 기술이 아니었다면 무엇이 그가 성령의 나타나심과 능력으로 설교하게 했을까? 바울은 설교할 때 "하나님의 증거…예수 그리스도와 그가 십자가에 못 박히신 것"을 전한다는 절대적인 확신을 가지고 있었다(고전 2:1-2, 고후 4:5 참고).

다시 말해, 성령이 주시는 열정으로 하는 설교는 성경의 신적 특징과 삶을 변화시키는 복음의 능력에서 나오는 확신으로 하는 설교다. 이런 현실은 우리가 하나님의 말씀을 깊이 확신하고 성령을 겸손히 의지하면서 설교하게 해준다. 이것은 강단에서 교만과 뻔뻔함이 아닌 확신과 대담함으로 이어진다. 우리는 성경의 권위, 신뢰성, 충분함에 대한 흔들리지 않는 확신으로 설교를 전달해야 한다. 간단히 말해 성령이 감동으로 기록하게 하신 성경을 믿으면 성령의 능력으로 설교하게 된다.

하나님의 말씀이 갖는 특징도 성령이 주시는 열정을 낳는다. 특히 텍스트의 어조와 표현에 주목해야 한다. 우리는 성경이 전적으로 하나님의 영감으로 되었다고 확신하기에 단어부터 시제까지 텍스트의 세부적인 것들을 강조한다. 하지만 설교를 준비하고 전달할 때 텍스트의 어조도 함께 고려해야 한다. 텍스트의 감정적 분위기와 성격도 성령의 감동으로 된 것으로, 의미와 함께 독자에게서 끌어내고자 하는 반응을 알려주기 때문이다. 다시 말해, 텍스트의 어조가 설교 전달의 성격을 결정해야 한다.[2]

이는 열정적인 설교 전달이 주로 우리의 타고난 기질이나 개인적인 감정, 청중의 나이와 열광적인 반응으로 결정되지 않는다는 뜻이다. 물론 이 모든 것이 효과적인 커뮤니케이션을 고려할 때 중요한 요소가 될 수 있지만, 설교 전달을 위해 필요한 주된 요소는 텍스트의 느낌과 어조여야 한다. 문학의 관점에서 텍스트의 이런 측면들은 주로 장르로 구별된다. 예를 들어, 선지서의 텍스트들은 대개 강한 선포의 느낌을 담고 있다. 이 선포에는 무게감과 긴박성이 녹아있다. 내러티브 텍스트들은 이야기의 우여곡절을 따라 다양한 감정을 불러일으킨다. 이 감정은 극적인 결말에서 절정에 이른다. 시편과 시들은 극도로 감각적인 반면, 서신들은 개인적이고 교훈적이다. 우리는 설교 전달 시 텍스트에 담긴 감정적 어조를 반영해야 한다.

장르 외에 텍스트의 주제도 설교에 반영해야 한다. 예를 들어, 소망과 구원에 초점을 맞춘 텍스트는 복음의 기쁨과 확신으로 선포해야 한다. 애통과 심판의 주제들은 엄숙하고 우울한 어조로 설교해야 한다. 교리나 실천적인 구절들은 감정이 배제된 것으로 여겨지지만 사실은 권면이나 격려, 심지어 진지한 분위기를 담고 있다. 이런 분위기에 맞춘 설교가 당연해 보이지만, 무조건 자신의 전형적인 커뮤니케이션 스타일을 고수하고 텍스트의 어조는 무시하는 설교자가 얼마나 많은지 모른다. 하지만 하나님의 영감으로 텍스트 속에 표현된 감정에 따라 설교할 때 성령의 능력으로 하는 설교 전달이 이루어진다.

이렇듯 우리가 시대를 초월한 진리를 향해 열정을 품고, 하나님의 영감으로 표현된 성경의 어조에 관심을 기울일 때 성령의 역사가 나타난다. 이 외에도 설교 전달에서 성령의 역사는 설교자의 진짜 성격을 통해서도 나타난다. 스타일과 감정이 성령의 역사와 같지는 않지만, 이것들은 성령이 사용하시는 우리의 기질적인 측면이다. 이런 요소는 텍스트에 대한 확신과 고려에 비해 부차적이지만 그럼에도 엄연히 중요하다.

목사로서 우리는 하나님의 말씀을 선포할 때 두 극단 중 하나로 치우치는 경향이 있다. 보통은 말로 표현하지 않지만, 일부 목사들은 자신이 강단에서 하나님의 역사가 나타날지 결정하는 가장 중요한 요인인 것처럼 군다. 때로 이런 생각은 목사의 화려한 복장이나 이목을 끄는 태도로 나타난다. 조금 더 미묘한 모습으로 나타나는 경우도 있다. 예를 들어, 자신이 대체 불가한 존재인 것처럼 굴거나 강단에서의 행동과 일상적인 행동이 다른 경우가 그렇다. 이런 설교자의 교만은 높은 연봉이나 많은 사람에게 얻는 존경처럼 자신이 받아 마땅한 것에 초점을 맞추기 시작할 때 나타난다. 혹은 출석 교인 숫자나 대중의 반응, 소셜 미디어의 평가로 성공을 판단할 때 나타난다. 그것은 예배가 아니라 지켜보는 사람들을 위해서, 교인들을 변화시키기보다는 즐겁게 하기 위해, 예수님의 이름을 찬양하기보다는 칭찬으로 자신의 불안감을 달래기 위해 하나님의 말씀을 파는 행상인으로 전락하는 것이다. 이런 경우 성령은 절대 우리의 설교에 능력을 더해주시지 않는다.

스펙트럼의 반대편 끝에는, 설교에서 자신의 역할을 완전히 무시하는 목사들이 있다. 하나님의 역사를 방해하지 않으려는 겸손한 마음으로 인해 그들은 설교 전달에서 개인적인 요소를 완전히 제거하여 자신의 중요성을 경시한다. 하지만 이것은 완벽한 계획을 이루기 위한 도구로 불완전한 사람들을 사용하시는 하나님의 부르심과 능력을 과소평가하는 것이다. 성령은 성경 기자들에게 영감을 주시고 그들의 개인적인 스타일과 이야기를 사용하신 것처럼 설교자로서 우리를 사용하여 그분의 진리를 선포하기를 원하신다.

이는 우리가 새로운 계시를 선포하거나 오류가 없는 메시지를 전달한다는 뜻이 아니다. 단지 하나님의 영감으로 된 성경을 충실하게 전할 때 성령이 우리를 통해 말씀하신다는 뜻이다. 성령은 우리의 삶을 복음과 협력하는 증언으로, 우리의 불완전한 구석을 예수님만이 완벽한 구주시라는 증거로, 우리의 부족함을 그분의 은혜와 능력이 충분함을 입증할 기회로 사용하신다. 나아가 우리가 섬기도록 부름받은 교회, 우리가 설교를 전하는 교인들, 우리가 지나고 있는 인생의 계절, 주변의 상황들은 다 하나님이 섭리로 조율하신 것이다. 그렇게 하나님은 우리를 특정한 목회 사명을 위한 그분의 대변인으로 선택하여 삼으신 것이다.

은혜의 하나님이 우리의 불완전함에도 불구하고 우리를 사용하기 원하신다는 사실이 자유를 주지 않는가? 성과를 내야 한다는 압박감, 불안감의 속박, 기대의 짐이 우리에게서 떨어져 나간다. 무엇보다도 성령이 능력을 주실 줄 믿고 열정과 본래의 기질에 따라 텍스트를 충실하게 전할 수 있게 된다. 그 결과, 우리의 영적 리더십을 통해 바울이 고린도 교인들에게서 원했던 결과가 우리 교인들에게서 나타난다. 즉 그들의 "믿음이 사람의 지혜에 있지 아니하고 다만 하나님의 능력에 있게" 된다(고전 2:5).

성령의 능력을 통한 설교의 적용

지금까지 우리는 영적 리더십의 핵심에 초점을 맞추었다. 그것은 바로 우리의 말씀 사역에서 성령의 역사에 협력하는 것이다. 하지만 성령의 능력에 의지한 설교 준비와 전달은 청중의 삶 속에 성령의 역사가 나타나는 결과로까지 이어져야 한다. 성령과 협력하여 이루어지는 설교의 적용은 강단에서 발휘되는 영적 리더십에서 가장 중요하다고 할 수 있다.

설교학 분야에서 적용은 흥미로운 주제다. 설교의 실천적인 적용과 그 구체성의 정도를 찾아내는 설교자의 역할은 학자들과 실무자들 사이에서 논쟁이 붙는 주제다. 서로 약간의 의견 차이는 있지만, 설교자들이 특별히 영적 리더십의 중요한 부분으로 적용을 포함해야 한다고 주장하는 데는 몇 가지 이유가 있다.

첫째, 성경은 제안적인 계시다. 이는 반응이 수반되어야 하는 하나님의 진리를 드러낸다는 뜻이다. 하나님의 말씀은 본질적으로 실천적이다. 즉 정보의 전달과 개인적인 변화를 서로 연결시킨다. 성경은 "하나님의 감동으로 된 것으로 교훈과 책망과 바르게 함과 의로 교육하기에 유익"해서 하나님의 백성들이 성숙하고 완전해지게 만든다(딤후 3:16-17). 해석학적 관점에서 이것은 텍스트를 적용하기 전까지는 그것을 온전히 해석한 것이 아니라는 뜻이다. 설교학적 관점에서 텍스트를 적용하기 전까지는 온전히 강해한 것이 아니라고 말할 수 있다. 둘째, "권하는 것"과 "가르치는 것"이라는 설교의 예언적 성격은 듣는 이들로 하여금 성경 말씀을 적용하게 한다(딤전 4:13). 셋째, 성경은 설교의 적용을 명령한다. 본보기를 통해 암묵적으로 명령하는 동시에 지시를 통해 직접적으로 명령한다. 느헤미야는 이스라엘 백성들에게 성경을 설명하여 그들이 하나님의 말씀을 이해하고 적용할 수 있도록 도왔다(느 8:1-8). 또 "너는 말씀을 전파하라"라는 명령에는 "범사에 오래 참음과 가르침으로 경책하며 경계하며 권하"면서 텍스트를 적용하라는 명령이 포함되어 있다(딤후 4:2).

설교에 적용을 포함시켜야 하는 가장 확실한 이유는 그것이 우리가 성령과 협력할 기회이기 때문이다. 일부 설교자들은 성령을 경외해서 적용을 피하지만, 우리는 진리를 적용시키시는 성령의 역사에 참여할 책임(과 특권!)이 있다. 물론 오직 성령과 성경만이 마음을 변화시킬 능력이 있다. 우리는 설교자로서 하나님을 대신해서 진리를 전할 책임을 위임받은 대변인일 뿐이다.

설교에서 성경을 적용할 때 청중의 삶 속에 역사하시는 성령과 협력하는 두 가지 방법이 있다. 가장 중요한 첫 번째 방법은 교인들의 영적 성장을 돕는 쪽으로 성경을 적용하는 것이다. 우리가 성경을 충성스럽게 전하는 이유는 성경이 인간의 마음을 강력하고 정확하게 자르는 메스임을 확신하기 때문이다(히 4:12). "하나님의 말씀"은 궁극적으로 "성령의 검"이다(엡 6:17). 하나님은 우리가 보거나 통제할 수 없는 방식으로 이 검을 휘둘러 역사하신다. 따라서 적용에 관한 우리의 책임은 하나님의 역사를 본받아 "진리의 말씀을 옳게 분별"하고 강력하고 정확하게 설교하는 데서 시작된다(딤후 2:15).

성경은 성령의 도구 외에 영적 영양을 공급하는 원천이기도 하다. 갓난아이가 양육을 받고 발달하는 것처럼 성경은 우리의 믿음이 "자라게" 한다(벧전 2:2). 예수님은 하나님의 말씀이 영적 양식이며(마 4:4) 영적 성장과 성화를 경험하기 위한 수단이라는 점(요 17:17)을 직접 확인해주셨다. 예수님은 부활하신 후 베드로에게 "내 양을 먹이라"라고 반복적으로 지시할 때 말씀 사역을 염두에 두고 계셨다(요 21:15-17). 아마도 이것이 베드로와 사도들이 "하나님의 말씀을 제쳐 놓고 접대를 일삼는 것이 마땅하지 아니하니"라고 말한 이유일 것이다(행 6:2). 결국 그들은 육신을 위한 양식을 나누어주는 일을 다른 사람에게 위임하고 자신들은 영의 양식을 준비하는 일에만 집중했다.

목사로서 우리는 교인들에게 하나님의 말씀을 영적 양식으로 꾸준히 공급해서 "양을 먹여야" 한다. 하지만 우리의 설교가 아무리 영적으로 풍성하다 해도, 교인들이 주중에 스스로 먹는 법을 배우지 못하면 영양실조에 걸릴 것이다. 이것이 효과적인 영적 리더십을 위해 성경 강해가 꼭 필요한 이유 중 하나다. 우리는 설교를 통해 교인들에게 하나님의 말씀을 해석하고 적용하는 법을 보여주어야 한다. 그럴 때 교인들이 스스로 말씀을 먹어 영적 건강과 성장을 유지할 수 있다.

우리는 영양 공급을 위한 성령의 도구이자 원천으로 성경을 사용할 때 성령의 능력으로 가능한 적용을 알려주어 그분의 역사를 도와야 한다. 물론 교인들이 선행에 열심을 내도록 가르쳐야 할 책임도 있다(딛 3:8). 하지만 영적 성장은 단순히 더 열심히 노력하거나 무언가를 더 많이 하거나 더 나은 사람이 되기 위해 노력한다고 해서 이루어지지 않는다. 실제로 사람의 마음을 변화시켜 영적 열매를 맺는 분은 성령이시다(갈 5:22-23). 우리가 교인들에게 설교의 적용을 말할 때 이 점을 분명히 알려주어야 한다. 우리는 성령에 항복하고 순종할 때만 그리스도 안에서 자유를 경험하고(롬 8:2), 참된 "생명과 평안"을 누리고(롬 8:6), 하나님을 기쁘시게 하는 삶을 살고(롬 8:7-8), 그분과 친밀한 교제를 나눌 수 있다(롬 8:15-17). 오직 성령을 통해서만 우리는 죄를 이기고(롬 8:13), 소망으로 살고(롬 8:23-25), 인생의 고난을 극복할 수 있다(롬 8:35-37).

성령이 우리 삶을 변화시키는 역사를 완성하시지만, 영적 성장이 완전히 수동적으로 이루어지지는 않는다. 우리가 설교자로서 행하는 것처럼 교인들도 성령의 역사에 협력하는 법을 배워야 한다. 이를 위해 설교 적용에서 성경과 협력하는 두 번째 방법이 필요하다. 우리의 설교 적용은 교인들의 영적 성장을 촉진시키고 그들이 영적인 인도를 받게 해야 한다. 우리의 삶에서 성령의 주된 역할 중 하나는 리더십이다. 앞서 우리는 성경의 진리를 이해하도록 "인도하시"는 성령의 역할을 언급했다(요 16:13). 그분의 인도하심은 영적인 걷기와 지혜로 우리의 삶을 이끄시는 기초 작업이다(요 3:8).

성경 곳곳에서 하나님과 함께하는 여행을 그분과 함께 '걷는 것'으로 묘사한다. 하나님은 아담(창 3:8), 에녹과 노아(창 5:22, 6:9)와 걸으셨고, 역사 내내 그분의 모든 백성에게 그분의 도에 따라 그분과 겸손히 걸으라고 명령하셨다(미 6:8). 신약에서 예수님은 "나를 따라" 오라는 초대를 자주 하셨으며(마 16:24), 요한은 신자들에게

"그(예수님)가 행하시는(걸으신) 대로 자기도 행할지니라"라고 가르쳤다(요일 2:6).

우리는 "주께 합당하게 행하여(걸어)"라는 명령을 받았지만(골 1:10, 엡 4:1), 우리가 그렇게 할 수 있는 것도 성령의 역사라는 점을 알아야 한다. 이것이 성경이 우리에게 "성령을 따라 행하라(걸으라)"와 "성령으로 행할지니(성령과 보조를 맞추라)"라고 명령하는 이유다(갈 5:16, 25). 성령의 인도하심은 삶의 모든 영역에서의 지도와 분별을 포함한다. 우리는 설교의 적용을 준비할 때, 교인들에게 텍스트의 구체적인 적용을 제시하도록 성령의 인도하심에 의지해야 한다. 여기에는 교인들이 밟아야 할 구체적인 단계들, 진리를 실천할 수 있는 적절한 사례, 교인들의 생각을 변화시키기 위한 성경적 시각, 교인들이 받아들여야 할 신학적 진리가 포함된다. 텍스트가 어떤 실천을 명령하든 우리는 교인들에게 그리스도를 닮은 삶을 향해 "하나님의 영으로 인도함을" 받고(롬 8:14, 갈 5:18 참고) 하나님의 말씀이 인도하는 빛에 따라 걷도록(시 119:105) 권면해야 한다.

성령은 교인들의 영적 걷기를 인도하실 뿐 아니라 그들을 영적 지혜로도 이끄신다. 성경 지식은 우리의 지성을 돕는 반면, 지혜는 우리의 의지를 도와 하나님의 말씀을 적용하게 해준다. 지혜는 본질적으로 실천적이며, 경건한 총명에 따른 행동으로 나타난다(약 3:13). 그리고 하나님께 말미암은 지혜는 "정욕"적이고 이기주의와 "모든 악한 일"로 나타나는(약 3:15-16) 세상의 지혜와 구분된다. 하나님의 지혜는 한없이 뛰어나며(고전 1:19-25), 좋은 열매와 의로운 행위로 나타난다(약 3:17-18).

따라서 성령의 능력으로 하는 설교 적용은 영적 지혜로 교인들을 인도하여 성경에 따라 살도록 하기 위한 것이다. 지위적 측면에서 신자들은 "지혜와 지식의 모든 보화"(골 2:3)의 근원이신 그리스도와의 관계를 통해 경건한 총명을 얻을 수 있다. 실천적 측면에서, 신자들은 그리스도 안에서 우리의 지위를 실질적인 행동과 적용으로 전환시키시는 "지혜의 영"(엡 1:17)을 받았기 때문에 이 지혜에 따라 살 수 있다.

설교자로서 우리의 책임은 본문에서 교인들을 위한 실천적인 교훈을 찾아 성령의 역사에 협력하는 것이다. 가장 기본적인 차원에서 이것은 교인들이 텍스트의 신학적·교리적 진리를 각자의 삶에 실질적으로 연결하도록 돕는 것이다. 이것이 항상 복잡하거나 심오한 것은 아니지만, 우리는 교인들의 삶 속에서 영적 성장과 인도가 필요한 영역들을 찾아 말씀의 진리를 그들의 마음속에 불어넣는다. 그런 식으로 성령께 협력하고, 성령이 알려주신 적용을 통해 영적 리더십을 발휘한다. 우리는 그분의 말씀을 통해 교인들에게 영적 양식을 공급하고 그들이 지혜로 행하도록 돕는다.

앞서 살폈듯이 설교 준비와 전달에서 성령의 역사가 기도를 통해 나타나는 것처럼, 우리가 기도할 때 성령이 올바른 적용을 알려주신다. 골로새 교인들을 위한 바울의 중보 기도에는 성장과 인도를 위한 적용이 영적 걷기와 지혜라는 실천적 측면과 결합되어 있다. 즉 바울은 그들로 하여금 "모든 신령한 지혜와 총명에 하나님의 뜻을 아는 것으로 채우게 하시고" 하나님을 아는 지식이 계속해서 성장하여 "주께 합당하게 행하여 범사에 기쁘시게" 하는 삶을 살게 해달라고 기도했다(골 1:9-10). 우리도 교인들을 위한 적용을 준비할 때 하나님의 지혜와 총명을 달라고 기도해야 한다. 또 그들이 각자의 삶에 설교를 적용하도록 성령이 역사해주시기를 기도해야 한다.

결론

목사가 강단에서 발휘하는 영적 리더십은 여러 차원에서 이루어진다. 개인적인 차원에서는 목사가 공부와 설교 준비 시간에 하나님을 만나 성장하는 데서 시작된다. 하나님의 말씀을 연구하면 텍스트 안에서 성령의 음성을 듣는 법을 배운다. 그분의 임재 안에 거하면서 그분의 변화시키는 능력을 경험하게 된다. 우리는 하나님의 말씀을 선포할 때 교인들을 위해서 그분의 영광을 드러내고 영적인 성숙함을 보여주어야 한다. 그럴 때 교인들은 우리가 설교하는 텍스트의 진리를 실천하고 각자 그리스도와의 관계 속에서 그분을 더욱 추구하게 된다.

성경적인 차원에서 우리는 강해를 통해 텍스트 안의 원칙들을 건전하게 해석하는 본보기를 보여주어야 한다. 그럴 때 교인들은 각자 하나님의 말씀을 공부할 수 있다. 또 우리는 텍스트의 실질적인 적용을 통해서 교인들이 성령의 능력으로 성경에 순종하여 영적인 성숙과 경건으로 나아가도록 할 수 있다. 그렇게 하면 하나님의 말씀을 사랑하고 그 말씀의 권위에 복종하는 신앙 공동체가 탄생한다. 나아가 그리스도의 몸 전체가 건강해져서 성숙을 향해 나아가게 된다.

우리는 신앙 공동체로 모인 사람들 앞에서 설교할 때 성경적 리더십을 발휘한다. 그럴 때 그들 속에서 성령이 역사하신다. 그리스도의 신부가 "말씀으로 깨끗하게 하사 거룩하게" 되어 얼룩과 주름이 사라져 "거룩하게 흠이 없게" 된다(엡 5:26-27). 우리가 교인들에게 하나님의 말씀을 충실히 전하면서 겸손, 온유, 인내, 사랑으로 살라고 촉구하면 "평안의 매는 줄로 성령이 하나 되게 하신 것"이 나타난다(엡 4:2-3).

궁극적으로 우리가 설교를 준비하면서 성령을 만나고, 성령의 능력으로 설교를 전하며, 성령의 능력으로 설교 적용을 하면, 강단에서 영적인 리더십을 발휘하여 하나님의 백성들을 효과적으로 이끌 수 있다. 하지만 이번 장에서 보았듯이 성령을 의지하는 기도가 설교의 모든 측면에서 기초가 되지 않으면 이 모든 일은 일어나지 않는다. 우리가 어떤 영적 리더십을 발휘하든 그것은 우리의 삶 속에서 성령의 리더십이 나타난 결과다.

3장
강단에서의 전략적 리더십

"그가 그들을 자기 마음의 완전함으로 기르고 그의 손의 능숙함으로 그들을 지도하였도다"(시편 78:72).

위대한 설교자이자 설교의 스승인 해돈 로빈슨(Haddon Robinson)은 한 인터뷰에서 이런 질문을 받았다. "성경의 텍스트에서 직접 다루지 않는 상황에 관해서는 어떻게 설교해야 합니까?" 로빈슨의 대답은 뜻밖이었다. "'하나님이 당신의 상황에 관해서는 말씀하고 계시지 않습니다'라는 말은 청중에게 전혀 도움이 되지 않습니다…하지만 때로는 설교자가 교인들에게 그렇게 말하는 것이 옳다고 생각합니다. 우리가 기도하는 것들 가운데 하나님 나라와 전혀 상관이 없는 것들이 적지 않다는 점을 알아야 합니다." 인터뷰 진행자는 계속해서 이렇게 물었다. "오늘날 설교자들은 성경을 이전 세대의 설교자들과 다르게 적용합니까?" 로빈슨은 이 질문에 이렇게 대답했다. "오늘날에는 구체적인 적용이 대세입니다. 반면 과거에는 일반적인 적용이 보통이었습니다. 그러니까 하나님을 믿고 그분께 영광을 돌리라는 식이었습니다. 오늘날 설교는 행복한 결혼 생활을 유지하고, 자녀를 잘 키우고, 스트레스를 다루는 법에 관해서 이야기합니다."[1]

목회적 설교와 전략적 리더십 사이의 관계에서 어려운 점이 바로 이것이다. 극도로 제한되고 더없이 귀한 설교 시간에 목사의 관심을 요구하는 주제들은 끝없이 많다. 개중에는 하나님이 그분의 말씀에서 직접 다루시는 성경적인 주제들도 있다. 창조, 죄, 의, 거룩, 복음, 그리스도의 재림, 천국, 지옥, 제자 훈련 등이 그런 주제들이다. 다른 주제들은 성경에서 직접 다루지 않기 때문에 성경 외적인 것들이다.[2] 성경 외적인 주제에는 개인적인 차원에서 장애아를 키우는 일이나 은퇴 후의 계획이 포함될 수 있다. 교회적인 차원에서 모금 활동, 이웃 교회의 부흥을 위한 자매결연, 새로운 입양 사역 등이 포함될 수 있다. 그리고 문화적인 차원에서 트랜스젠더에 관한 논쟁이나 사회 폭력 증가 문제가 포함될 수 있다.

성경 속 주제들과 성경 외적 주제들 사이의 긴장은 교인들을 돕고 그들이 가치 있는 일을 하도록 이끌고 싶은 목사들에게 매우 까다로운 문제다. 목사는 하나님 말씀의 충실한 강해와 교인들을 위한 전략적 리더십 사이의 긴장을 어떻게 다루어야 할까? 이 질문에 답하려면 우리가 마주하고 있는 난관들을 파악하고, 목회 사역에서 하나님이 주신 목표를 추구하며, 하나님 말씀의 원칙들을 각자의 특정한 사역 배경에 올바로 적용해야 한다.

문제를 파악하라

충실한 설교와 전략적·목회적 리더십 사이의 긴장을 성공적으로 풀어나가려면 그것이 애초에 왜 난관인지부터 이해해야 한다.

목사들이 리더십을 펼쳐가는 여정 가운데 어느 한쪽으로 치우치는 데는 수많은 이유가 존재하지만, 네 가지 이유가 특히 두드러진다.

제한된 시간

많은 목사가 어느 한쪽으로 치우치는 이유 중 하나는 전 교인과 함께하기 위한 시간이 정해져 있기 때문이다. 목사가 전 교인과 함께하며 그들의 눈을 보고 그들을 옳은 길로 이끌기 위한 시간 중에서 설교는 가장 많은 시간을 차지한다. 그래서 목사에게는 이 시간이 가장 중요하다. 그런데 교회들이 매주 한 번의 회중 예배 모임만 갖는 방식으로 발전(혹은 퇴보)하면서 이 시간이 더욱 줄어들었다. 그리고 그나마 그 한 번의 예배에서 설교에 할당된 시간이 또 줄어들었다. 대다수의 목사는 자신의 양 떼를 영적으로 먹여야 할 책임과 실제 삶에서 인도해야 할 책임을 동시에 갖는다. 그들은 자신의 교회가 가진 배경 안에서 지상대명령을 이루기 위해 설교와 전략적 리더십이 모두 필요하다고 느낀다. 하지만 전 교인이 모여 예배할 시간이 적으니 그 시간을 어떻게 사용해야 할지 고민이 더 깊어질 수밖에 없다.

교회의 복잡성

설교와 전략적 리더십의 이중 책임에 관한 또 다른 문제점은 교회의 프로그램과 일정이 복잡하다는 점이다. 특히, 서구 교회들의 사정이 그렇다. 신약 가정 교회들의 단순함은 과거의 이야기가 되어버린 지 오래다. 솔직하게 직시하자. 많은 교회가 바쁘다! 물론 좋은 일에 바쁘다. 소그룹 활동, 연령별 프로그램, 제자 훈련 프로그램, 청지기 캠페인, 지지 그룹, 남녀 사역, 각종 특별 행사가 교회의 한 주 일정에서 각각 시간을 차지하고 있다. 게다가 교회 시설도 과거보다 복잡해졌다. 자가든 임대든 건물이 더 많고 더 커졌다. 게다가 대다수의 교회가 부지를 소유하고 있다. 이 모든 시설과 부지는 자금 확보와 유지 보수를 필요로 한다. 그러기 위해서는 예배 시간에 이에 관한 이야기를 더 많이 해야 한다. 나아가 사역 리더들, 교회 직원, 교인들, 심지어 목사 자신들도 이 일들을 위해 누구보다 목사의 목소리가 필요하다고 느끼고 있다. 이런 필요성은 목사가 강단에서 시간을 사용할 때 추가적인 부담으로 작용한다.

목사의 역할에 관한 정의 변화

오늘날 목사들이 마주하는 또 다른 문제점은 목사의 역할에 관한 정의가 미묘하고도 점진적으로 변한 것이다. 신약에서 '목사'(poimen)라는 단어는 '목자'를 의미하며, 주로 양 떼를 먹이고 보호하는 책임이 있다. 특별히 목회 서신서들을 보면 목사들은 주로 설교와 가르침을 통해 이 두 가지 역할을 모두 수행한다(딤전 1:3-4, 3:2, 4:6-7, 13-16, 5:17-18, 6:3-5, 20-21, 딤후 1:6-8, 13-14, 2:1-2, 8-9, 14-16, 3:14-17, 4:1-5, 딛 1:7-14, 2:1, 15 참고).[3] 하지만 시간이 지나면서 목자의 역할이 설교와 가르침에서 벗어나 점점 '목회적 돌봄'을 의미하게 되었다. 이제 많은 그리스도인이 좋은 목사와 좋은 설교자를 구분하고 있다. 오늘날 목사에 대한 인식은 기존의 의미에서 더욱 멀어지고 있으며, 많은 목사와 교회가 목사의 주된 역할을 설교나 목회적 돌봄이 아닌 리더십으로 여긴다. 리더십에 관한 책, 강의, 평가, 콘퍼런스가 넘쳐나는 현상은 우리가 이 주제에 열중하고 있음을 보여준다. 많은 목사가 설교 시간을 하나님의 말씀을 전하는 시간이 아니라 리더십을 발휘하기 위한 시간으로 보는 것도 무리는 아니다.

그릇된 이분법

많은 목사가 위의 모든 난관(과 그 외에 수많은 난관)으로 인해 머릿속에서 설교와 전략적 리더십을 구분하며 거짓 이분법을 낳았다. 우리는 설교와 전략적 리더십이 상호 배타적이며 서로 양립할 수 없다고 믿고 싶을 뿐이다. 목사의 이 두 가지 책임을 서로 별개로 보면 강단에서 성경을 전하는 것과 교인들이 교회 일을 하도록 이끄는 것 중에 하나를 선택해서 말해야 한다고 생각하기 쉽다. 안타깝게도 이런 이분법은 의도하지 않은 결과를 낳는 경우가 적지 않다. 즉 목사들이 주로 앞서 말한 문제점들로 인해 전자를 소홀히 하고 후자로 치우치게 되는 것이다.

그런 일이 벌어져서는 안 된다. 하지만 현실은 그렇지 못하다. 이 현실이 우리가 강해적 리더십의 필요성을 다루게 된 이유 중 하나다. 목사들이 다양한 그룹으로 구성된 다양한 상황에서 설교를 하고 사람들을 이끄는 것은 사실이다. 변수가 무한히 많아 보인다. 하지만 성경 기자들을 통해 표현된 저자 하나님의 권위 있는 뜻에 철저히 기반을 두면서도, 얼마든지 특정한 상황과 사람들의 삶에 맞는 설교를 준비하여 전달하고 목회적으로 적용할 수 있다. 우리 자신이 사역에 대해서 꿈꾸는 바가 아니라 철저히 하나님의 말씀에 따라 비전과 도전을 던지면서도 충실한 강해를 통해 각 공동체에 맞는 상황화(contextualization)를 이루며 교인들을 하나님의 일에 동원할 수 있다. 우리의 설교는 하나님의 말씀에 기초하면서도 얼마든지 교인들의 교회 안에서 하나님의 사명과 뜻을 이루도록 특정한 강조점을 부각시키고, 교회의 프로그램들을 홍보하고, 공동의 노력을 권장할 수 있다.

상을 향한 추구

설교를 통해 교인들에게 전략적 리더십을 발휘하는 일은 언제나 목적지를 염두에 두고 시작해야 한다. 리더십은 목적지를 함축한다는 점을 기억하라. 우리는 그들을 목적 없이 이끄는 것이 아니다. '어딘가로' 이끄는 것이다. 그리고 목회적 리더십의 그 '어딘가'가 전략적 리더십을 결정해야 한다. 성경은 하나님의 백성들을 위한 그분의 목적지를 여러 가지 방식으로 묘사한다. 1장에서 이 개념을 처음 소개할 때 우리는 경건이라는 목사의 역할을 논했다. 하지만 사도 바울이 좀 더 생생하게 사용한 언어는 '상'이다. 그는 이렇게 말했다. "푯대를 향하여 그리스도 예수 안에서 하나님이 위에서 부르신 부름의 상을 위하여 달려가노라"(빌 3:14). 바울은 "그리스도와 그 부활의 권능과 그 고난에 참여함을 알고자 하여 그의 죽으심을 본받아 어떻게 해서든지 죽은 자 가운데서 부활에 이르려"고 모든 것을 포기한 사람이었다(빌 3:10-11).

바울은 사람이 추구할 수 있는 가장 위대한 성취는 그리스도를 온전히 알고 그분과의 완벽한 교제를 경험하는 것이라고 믿었다. 예수 그리스도는 죽기까지의 순종과 새로운 삶으로의 부활을 증명해 보이셨다. 바울은 자신과 자신의 독자들도 이렇게 되기를 원했다. 목사들은 무엇보다도 바로 이 목표로 교인들을 이끌어야 한다. 우리가 교인들에게 전략적 리더십을 발휘하고 있는지 점검하려면 그들을 이 상으로 전략적으로 이끌고 있는지를 보면 알 수 있다. 그렇다면 이 상은 구체적으로 무엇이며, 어떻게 설교를 통해 교인들을 이 상을 향해 전략적으로 이끌 수 있을까?

그리스도 안에서의 재창조

그리스도를 알고 그분처럼 되는 상을 추구하는 것은 영적으로 그리스도의 형상을 닮아간다는 성경적 개념과 동일하다. 영원 전부터 하나님은 이것을 가장 중요한 목표로 정하셨다. "하나님이 미리 아신 자들을 또한 그 아들의 형상을 본받게 하기 위하여 미리 정하셨으니 이는 그로 많은 형제 중에서 맏아들이 되게 하려 하심이니라"(롬 8:29). 성경의 거대한 이야기는 창조와 재창조의 관점에서 이 목적을 기술한다. 성경은 말 그대로 이 주제로 시작하고 끝이 난다. 성경은 천지의 창조와 하나님의 형상에 따른 인간의 창조로 시작된다(창 1). 그리고 천지의 재창조와 하나님의 형상에 따른 인간의 재창조로 끝을 맺는다(계 21-22). 그 사이의 모든 이야기는 죄가 하나님의 피조 세계를 망가뜨렸지만, 그분이 예수 그리스도를 통해 그 세계를 재창조하신 이야기다(예를 들어, 시 17:15, 롬 8:29-30, 고후 3:18, 4:16, 갈 4:19, 빌 3:21, 골 3:10, 요일 3:2, 벧후 1:3-4). 바로 이것이 복음이다! 이것이 성경의 이야기다.[4]

하나님의 백성들을 전략적으로 이끌려면 목사들은 하나님이 영원 전부터 정하신 재창조를 촉진시켜야 한다. 설교에서 목사의 첫 번째 목표는 교인들의 삶 속에서 그런 재창조 과정을 촉진시키는 것이다. 교인들을 예수님을 닮도록 이끌지 않는다면 그들이 교회의 성장을 위한 우리의 비전이나 화려한 임무 진술서를 받아봤자 아무런 유익이 없다. 지난해를 평가할 때 우리는 교인들이 작년보다 예수님을 더 닮은 모습으로 변했는지를 평가해야 한다. 그리고 미래를 위한 계획을 세울 때도 교인들이 예수님을 더 알고 더 닮아가도록 이끄는 일을 첫 번째이자 가장 중요한 목표로 삼아야 한다.

성경을 통한 변화

성경은 이 재창조가 이루어지는 과정에 대해 침묵하지 않는다. 성경은 복음의 이야기를 전개함과 동시에 복음의 진리가 사람들을 그리스도의 형상으로 변화시키는 성령의 주된 도구라고 주장한다. 이는 우리가 이전 장에서 소개한 개념이다(요 17:17, 행 20:32, 롬 10:17, 딤후 3:14-17, 약 1:21, 벧전 1:22-2:2 참고). 이것이 설교자들이 각 텍스트를 올바로 해석하고 각 구절에서 성령이 의도하신 바를 찾아서 선포해야 하는 주된 이유 중 하나다. 재창조라는 하나님의 목적을 이루는 성경의 초자연적인 능력은 하나님의 영감으로 성경이 쓰였다는 사실과 연관되어 있다. 즉 우리는 성경에서 하나님의 음성을 듣고 그에 반응할 때 성령의 사역을 통해 하나님의 형상(*imago Dei*)이 되어간다. 이런 식으로 하나님의 백성들은 "우리가 다 수건을 벗은 얼굴로 거울을 보는 것 같이 주의 영광을 보"고, 그분의 영으로 말미암아 "그와 같은 형상으로 변화하여 영광에서 영광에" 이른다(고후 3:18).

경건과 창조(혹은 재창조)라는 개념 외에도 바울은 의의 개념을 사용하여, 듣고 받아들이는 사람들에게 미치는 성경의 영향을 기술한다. 그는 젊은 제자이자 목사인 디모데에게 "모든 성경은 하나님의 감동으로 된 것으로 교훈과 책망과 바르게 함과 의로 교육하기에 유익하"며, "이는 하나님의 사람으로 온전하게 하며 모든 선한 일을 행할 능력을 갖추게 하려 함"이라고 말했다(딤후 3:16-17). 바울은 디모데가 자신과 교인들을 목적지인 "의"로 이끌기에 성경만으로 충분하다고 믿었다(딤후 3:16). 바울은 성경을 사용하여 디모데의 교인들 안에 의를 낳는 것을 얼마나 중요하게 여겼던지, 주 예수 그리스도의 심판하시는 눈까지 언급했다. "하나님 앞과 살아 있는 자와 죽은 자를 심판하실 그리스도 예수 앞에서 그가 나타나실 것과 그의 나라를 두고 엄히 명하노니"(딤후 4:1). 바울은 예수님이 그분의 백성들이 설교를 통해 의롭게 되는 것, 곧 "하나님을 따라 의와 진리의 거룩함으로 지으심을 받은 새 사람을 입"는 것을 중요하게 여기신다는 사실을 알고 있었다(엡 4:24).

젊은 목사인 디모데는 덜 중요한 것들에 대해 설교하고 싶은 유혹에 끊임없이 시달릴 수밖에 없었다. 하지만 그렇게 하면 그저 교인들이 원하는 곳으로만 이끌 뿐이었다. 그래서 바울은 제자에게 다음과 같이 말했다.

> 너는 말씀을 전파하라 때를 얻든지 못 얻든지 항상 힘쓰라 범사에 오래 참음과 가르침으로 경책하며 경계하며 권하라 때가 이르리니 사람이 바른 교훈을 받지 아니하며 귀가 가려워서 자기의 사욕을 따를 스승을 많이 두고 또 그 귀를 진리에서 돌이켜 허탄한 이야기를 따르리라(딤후 4:2-4).

이 "때"는 이미 오래전에 왔다. 현대의 목사들은 매주 이런 유혹을 마주한다. 이제 많은 교인이 설교 시간을 실용적인 조언을 해주는 상담 시간이나 선교의 비전을 브리핑하는 프레젠테이션 시간으로 여기고 있다. 그것은 설교가 의롭게 변했다기보다 그룹 상담과 프로그램 홍보를 위한 시간이라는 새로운 정의를 설교자들이 받아들인 탓이다.

체계적 강해

목사는 성경적 진리라는 초자연적인 수단으로 하나님의 백성들이 그리스도를 닮아가는 상을 얻도록 이끌어야 한다. 단순하고 충실한 성경 강해는 목사가 설교를 통해 교인들에게 발휘할 수 있는 가장 전략적인 리더십이다. 오늘날 설교자들은 우주에서 가장 강력한 힘이자 인류의 유일한 소망을 담고 있는 66권의 책을 가지고 있다. 우리는 자신만의 자료를 만들고 그것을 하나님의 말씀으로 제시해야 할 압박감 속에 살 필요가 없다. 그리고 교인들을 위해 성경 속 하나님의 말씀과 완전히 다르거나 별로 상관이 없는 비전과 꿈을 지어낼 필요도 없다. 목사들은 성령의 능력으로 성경 강해를 하며 하나님이 말씀하신 것을 발견하고 선포해야 한다. 사람들이 하나님의 진리를 듣고 순종하도록 돕는 것이 가장 중요한 전략적 리더십이다.

이런 현실을 비추어볼 때, 하나님의 진리를 전하기 위한 가장 단순하고도 좋은 방법은 체계적으로 강해하는 것이다. 체계적 강해는 성경의 책 전체나 책의 많은 부분을 쭉 설교하는 방식이다. 성경의 많은 부분을 체계적으로 설교하는 것이 유일한 설교 방식은 아니지만, 목사들의 주된 설교 방식이어야 한다. 교인들은 목사가 하나님의 말씀을 선택하여 성경의 배경 속에서 해석한 뒤, 그들에게 설명하고 각자의 삶에 적용시키는 성경 강해를 꾸준히 들어야 한다. 충실한 목회적 리더십은 우리가 교인들에게 하나님의 음성을 들려줄 때 가장 강력하게 나타난다. 하나님의 음성은 창세기부터 요한계시록까지 계속해서 분명히 들리기 때문에 성경의 책들로 설교하면 교인들이 그 음성을 확실하게 들을 수 있다.

체계적 강해는 최상의 전략적 설교이자 리더십이다. 하나님은 그분의 영감으로 기록된 성경을 통해 모든 사람에게 말씀하셨다. 그분이 말씀하고 계시는 내용은 우리가 교인들을 위해 내놓는 그 어떤 비전이나 계획, 프로그램, 목표보다도 중요하다. 우리가 성경을 충실하게 강해하면 그 말씀을 지금 우리 문화, 우리 교회, 우리가 목회하는 교인들에게 초자연적으로 연결시키시는 성령의 역사에 놀라게 될 것이다. 제대로 된 체계적 강해는 언제나 시대에 들어맞는다. 하나님이 그 강해를 통해 그분의 백성에게 초자연적으로 말씀하시기 때문이다.

구절 탐구

목사가 재창조를 위해 전략적으로 설교할 수 있는 실질적인 방법 중 하나는 모든 성경 텍스트에 대해 두 가지 질문을 던져보는 것이다. 첫 번째 질문은 '이 텍스트에서 죄가 인간 안의 하나님 형상을 망가뜨린 일이 드러나는가?'다. 이 질문과 관련해서 브라이언 채플은 모든 구절에서 "타락한 상태 초점"(FCF, Fallen Condition Focus)을 찾으라고 말한다. 그는 '타락한 상태 초점'을 이렇게 정의한다. "현대인들이 텍스트의 청중이나 텍스트가 다루는 대상과 공유하는 인간의 공통된 상태. 이 상태에 처한 하나님의 백성들이 그분을 영화롭게 하고 누리려면 그 텍스트에서 얻는 은혜가 필요하다."[5] 텍스트에서 이런 상태를 발견하면 하나님의 형상이 망가진 상태, 오직 복음만이 치유할 수 있는 상태를 발견한 것이다.

설교자가 던져야 할 두 번째 질문은 '이 텍스트에서 그리스도의 형상을 보여주거나 증명해 보이는 것이 있는가?'다. 아브라함 쿠루빌라(Abraham Kuruvilla)는 『본문의 특권!』(The Privilege the Text!, 기독교문서선교회)이라는 책에서 "성경의 각 구절이 그리스도의 형상 중에 한 측면을 드러내는 것으로 보는 그리스도 중심적인 해석"을 옹호한다. 그의 주장에 따르면 "자신의 자녀들을 향한 하나님의 목표는 그들이 자기 아들의…이 형상을 본받는 것이다(롬 8:29)."[6] 설교자는 성경의 모든 구절에 그리스도 형상을 나타내는 측면들이 있는지 확인해야 한다. 그리고 그 면면은 오직 복음을 통해서만 사람들의 삶 속에서 나타날 수 있다.

성경에서 하나님의 목적은 예수 그리스도 안에서 사람들을 자신의 형상으로 재창조하시는 것이다. 설교자들은 항상 이 목적으로 돌아가야 한다. 목사는 성경을 펴서 올바로 해석하고 성령의 능력으로 그 내용을 교인들에게 전할 때마다 하나님의 백성들을 재생시키시는 성령의 역사에 협력한다. 이 일은 그들을 경건하고 의롭게 빚어갈 수 있는 유일한 대상에 노출시키는 것이다. 이것이 가장 좋고 중요한 형태의 목회적 리더십이다. 우리는 그저 교인들을 하나님의 진리에 노출시키고 그 진리를 받아들이도록 촉구하기만 하면 된다. 그렇게 교인들을 가장 중요한 것, 즉 예수님을 알아가는 상으로 이끌고 있다면 교회의 비전이나 프로그램을 전혀 언급하지 않아도 전략적 리더십을 제대로 발휘 중인 것이다.

텍스트의 적용

목사는 주로 충실한 성경 강해를 통해 교인들을 이끌지만, 성경에서 직접 다루지 않는 다른 이슈들에 관한 책임도 맡고 있다. 이런 현실은 목사들에게 고민을 안긴다. 단순히 성경에 직접 언급되지 않았다고 해서 강단에서 성경 외적인 주제들에 관해서는 침묵해야 할까? 성경적인 주제들과 성경 외적인 주제들에 똑같은 설교 시간을 할애해야 할까? 이런 상황에서 목사는 어느 한쪽으로 치우칠 수 있다.

이 딜레마에 대한 답은 성경 적용의 본질과 범위에서 찾을 수 있다. 이전 장에서 이야기했듯이 성령은 성경의 적용 과정에서 우리에게 영적인 성장과 인도하심을 동시에 제공해주신다. 이 일에 성령과 협력하면 성경 외적인 주제들에 관한 전략적 리더십을 우리의 성경적 설교에 올바로 접목할 수 있다. 이를 위한 몇 가지 중요한 단계들을 소개해본다.

기본부터 시작

설교와 관련된 위의 딜레마에 관해서 고민조차 하지 않는 리더들이 많다. 이 딜레마 위에서 그들은 하나님의 말씀을 상징적으로 해석하여 교회 안의 이슈들과 상황적인 이슈들을 자신의 설교에 억지로 끼워 맞추는 경우가 많다. 그들은 목회적 리더십의 책임이라는 네모난 말뚝을 하나님이 성경 텍스트에서 실제로 하신 말씀이라는 둥근 구멍에 억지로 비집어 넣으려고 한다. 이런 해석적이고 설교적인 시도를 하기 전에, 모든 목사가 고려해야 할 몇 가지 기본적인 가이드라인이 있다.

첫째, 분명한 것을 간과하지 마라. 교회를 전략적으로 특정한 방향으로 이끌기 위한 설교나 설교 시리즈를 고려할 때, 하나님이 실제로 성경에서 그분의 계획을 위해 그 주제나 프로그램을 다루고 계실 가능성을 간과하지 않도록 하라. 성경은 인생의 수많은 주요 이슈들에 관해서 하나님의 구속 계획 및 그리스도의 형상을 따른 재창조와 관련지어 직접적으로 말한다. 예를 들어, 성경은 인간의 정체성, 죄의 문제, 인생의 목적, 미래, 죄책감, 사랑, 결혼, 가정, 죽음, 영원을 다룬다. 또한 지역 및 글로벌 제자 훈련, 교회 증식, 선교 지원, 사역 제휴, 연합, 환대, 회복, 징계와 같은 교회의 이슈들도 다룬다.

그러므로 항상 "하나님이 이 주제를 직접 다루셨는가?"라는 중요한 질문을 던지고 답하면서 시작하라. 하나님이 해당 주제를 직접 다루셨다면 더 좋을 것이 없다! 우리가 교인들을 위해서 염두에 두는 주제가 복음을 통한 인류의 구속과 그리스도를 닮아가는 개인의 변화라는 성경의 내러티브와 관련이 있다면, 설교를 리더십과 결합하는 작업은 성령이 성경 기자들에게 영감을 주어 성경을 기록하게 하실 때 기본적으로 이미 끝난 셈이다. 이제 우리의 주제는 성경 외적인 주제가 아니라 성경적인 주제다. 우리는 그저 해당 주제를 다룬 구절들을 찾아 그 배경 속에서 해석하고, 그중에 하나 혹은 그 이상을 본문으로 설교한 뒤 충실한 성경 강해로 사람들에게 도전을 던지기만 하면 된다.

둘째, 다른 커뮤니케이션 통로들을 고려하라. 정직하게 평가해 보면 성경이 우리의 계획이나 실천적인 비전을 직접 다루지 않고 있다는 결론에 이를 수 있다. 앞서 말했듯이 성경의 목적은 모든 주제를 다루거나 모든 질문에 답하는 것이 아니라 예수 그리스도 안에서의 재창조를 촉진시키는 것이다. 그래서 목사가 교인들을 좋고 유익한 방향으로 이끌고 싶지만, 그에 해당하는 성경 구절은 없을 때가 있다. 이런 경우, 하나님의 구속 계획이 주된 것이고 목사가 교인들에게 촉구하려는 바는 부차적이거나 여러 적용 가운데 하나가 될 뿐이다. 그렇다면 교인들을 이끌기 위해서 해야 할 일이 더 많아질 수밖에 없다. 하지만 그 리더십을 제공하기 위해서 귀중한 설교 시간에 비전을 던지거나 프로그램을 홍보하거나 교인들에게 인생 기술을 가르치는 방법밖에 없다고 속단하지 마라.

설교가 목사의 가장 꾸준하고 영향력 높은 리더십 창구이긴 하지만, 그것이 교인들과 소통하기 위한 유일한 창구는 아니다. 교인들을 전략적으로 이끌기 위해 사용할 다른 창구들이 있다는 사실을 잊지 마라. 교인들을 새로운 방향으로 이끌거나 새로운 목표를 달성하도록 동기를 유발해야 한다면, 강단 외에 적절한 커뮤니케이션 수단들을 모두 활용하라. 예를 들어, 소셜 미디어, 이메일 캠페인, 블로그, 브이로그, 웹사이트 광고문, 교회 주보 등을 활용할 수 있다. 찬양 예배 시간이나 공동의회, 특별한 모임 중에 짧은 프레젠테이션을 통해 사역과 프로그램을 소개하거나 관련 소식을 전할 수도 있다. 인쇄한 자료를 교인들의 집으로 발송하거나 찬양 예배 시간에 나누어주는 방식으로도 관련된 정보를 알릴 수 있다. 요지는 성경에서 다루지 않는 문제들을 다루기 위해 설교 시간을 사용해야 한다는 부담감을 느낄 필요가 없다는 것이다. 실천적인 리더십을 제공하기 위한 다른 창구들이 많다.

연구 순서 바꾸기

앞서 말했듯이 목사가 성경 텍스트에 충실하면서도 성경에서 직접 다루지 않는 상황적인 이슈들을 다룰 수 있고 그 일이 필요한 경우도 있다. 하지만 그러기 위해 강해 설교자는 평소에 해오던 성경 공부와 설교 준비 과정의 일부를 신중하게 바꾸어야 한다. 특히, 텍스트의 진리를 교인들에게 어떻게 적용할지 결정하는 단계에서는 매우 신중해야 한다.

많은 강해 설교자가 적용을 연속체로 본다.[7] 텍스트를 해석하여 성령이 의도하신 의미를 찾아낸 뒤에는 텍스트를 상징적으로 다루지 않고 신학적인 의미를 찾아낸다. 그리고 텍스트가 하나님, 인류, 그리스도, 복음에 관해서 무엇을 가르치는지 파악하기 위해 탐구한다. 텍스트의 신학적인 의미를 규명한 뒤에는 그 신학에서 시대를 초월한 진리를 찾아낸다. 역사 속 모든 사람에게 적용되는 원칙을 찾아내는 것이다. 그런 다음, 텍스트가 자신의 특정한 배경에서 교인들에게 어떻게 구체적이고 실천적으로 적용되는지 묻기 시작한다. 다시 말해, 구체적인 적용은 텍스트의 신학과 그 신학에서 나오는 시대를 초월한 진리 안에서 이루어져야 한다. 이 과정을 다음과 같이 그림으로 표현해볼 수 있다.

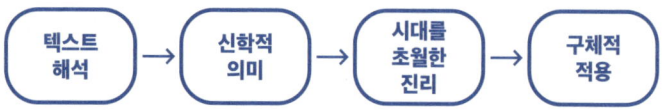

하지만 성경에서 직접 다루지 않는 상황과 관련된 주제로 성경 공부와 설교 준비를 한다고 해서, 교인들을 전략적으로 특정한 목표로 이끄는 강해 설교가 전혀 불가능한 것은 아니다. 매우 두렵고 조심스럽게 접근해야 하긴 하지만, 연구 과정의 순서를 아래의 그림처럼 살짝 바꿀 수 있다.

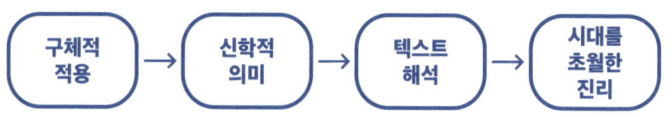

성경에서 직접 다루지 않은 성경 외적인 목표나 비전, 프로그램으로 교인들을 이끌고 싶을 때 우리는 실질적인 적용을 머릿속에 그리고 시작한다(물론 아직 적용할 텍스트가 없기는 하다). 이런 접근법을 설교 준비를 위한 국부적-신학적-텍스트적 방식으로 부를 수 있다.

당연히 이것은 설교자들이 매우 조심스럽게 걸어야 하는 위험한 땅이다. 특히 조심하지 않으면 텍스트를 상징적으로 해석하거나, 하나님이 실제로 말씀하시지 않은 것을 말씀하신 것처럼 제시하는 증거 본문 찾기(proof texting)로 흐를 수 있다. 그렇다면 설교자는 설교 준비의 순서 변경이라는 위험한 바다를 어떻게 헤쳐나갈 수 있을까? 다음과 같은 단계들을 고려해보라.

첫째, 신학적인 의미를 찾으라. 성경 외적인 주제나 프로젝트를 뒷받침하는 신학을 찾아 그것을 성경의 목적이라는 틀 안에 넣는 것이 중요하다. 그렇게 하기 위해서는 다음과 같은 질문을 던져야 할 수 있다. 인류의 타락한 본성이 이 프로젝트를 어떻게 방해할 수 있을까? 이 목표를 이루기 위해 필요한 그리스도 안에서의 하나님 형상은 무엇인가? 내가 교인들을 이끌고 가려는 목적지가 모든 나라를 제자로 삼고 땅 끝까지 복음을 전하는 것과 무슨 관련이 있는가? 자신의 주제를 솔직하고도 부지런히 탐구하여 어떤 교리적 이슈들이 있는지를 파악하라.

둘째, 해당 성경 구절을 찾으라. 자신의 특정한 성경 외적 목표와 관련된 신학적 교리를 찾았다면 그런 교리에 해당하는 성경 텍스트들을 찾으라. 어떤 구절들이 내가 찾아낸 교리들에 관해서 직접적으로 말하고 있는가? 어떤 구절이 주제와 관련된 신학적 이슈들을 중점적으로 다루고 있는가? 여기서 자신의 성경 지식을 활용하는 것 외에도 해당 구절들을 찾는 데 도움이 될 만한 좋은 조직신학이나 성경적 신학 관련 자료들을 참고하는 것도 좋다. 이런 구절을 찾고 연구한 뒤에는 해당하는 신학적 의미들 중 하나 혹은 그 이상에 관해서 가장 분명하게 말하는 텍스트를 설교 본문으로 선택하라.

셋째, 본문을 객관적으로 해석하라. 관련된 성경 텍스트를 찾아냈다면 자신의 성경 외적 목표나 주제를 잠시 한쪽으로 치워놓고 성경 텍스트를 연구하라. 문법적-역사적-신학적 해석학 접근법을 사용하여 주관성을 줄이라. 평소 강해를 할 때처럼 텍스트를 해석하라. 자신의 성경 외적인 주제로 인해 성령이 성경 기자에게 영감을 주어 해당 텍스트를 기록하게 하실 때 의도하신 의미를 곡해하지 않도록 극도로 조심하라. 성경 외적인 목표의 의미를 텍스트에 끼워 넣는 것이 아니라 텍스트에서 의미를 끌어내야 한다.

넷째, 텍스트에서 시대를 초월한 원칙을 찾아내라. 텍스트를 연구하고 올바로 해석한 뒤에는 자신의 성경 외적인 주제에 관한 좋고도 옳은 설교 적용을 찾아내야 한다. 한 가지 혹은 그 이상의 시대를 초월한 원칙을 찾아내 현대의 청중에게 텍스트를 어떻게 적용할지 결정해야 한다. 해롤드 프리먼(Harold Freeman)은 이것을 "원칙화"(principlization)라 부른다.[8] 해돈 로빈슨은 이것을 텍스트의 역사적 배경에서 현대 청중을 위한 적용까지 "추상의 사다리"(ladder of abstraction)를 오르는 것에 비유한다.[9] 기본적으로 이 과정은 텍스트에서 해당 시대의 문화에만 해당되는 것들을 걷어내어 시대를 초월한 진리를 찾아내는 작업을 포함한다. 텍스트가 의미하는 바는 당시나 오늘날이나 동일한 경우가 있다. 하지만 그 의미를 현대 청중에게 적용되는 원칙으로 전환해야 할 때도 있다.

다섯째, 자신의 성경 외적인 주제와 연결시키라. 연구의 이 단계에서 우리의 손에는 여러 개의 요소들이 놓여 있다. (1) 교인들과 함께 다루고 싶은 성경 외적인 주제, (2) 그 주제를 뒷받침하는 몇 가지 신학적 교리들, (3) 그런 신학적 교리에 관해서 말하는 관련 성경 텍스트, (4) 성령이 의도하신 해당 텍스트의 의미를 반영한 주요 개념 진술, (5) 시대를 초월하여 현대의 배경과 의미를 연결시키는 한 가지 이상의 원칙.

이 모든 요소를 가지고 그것들 사이의 관계, 특히 성경 외적인 주제와 다른 것들 사이의 관계를 파악하는 시간을 충분히 확보하라. 나의 주제에서 열매를 맺고 하나님께 영광을 돌리기 위해서 텍스트의 신학이 왜 중요한가? 텍스트에서 성령의 의도는 그 주제와 어떤 관련이 있는가? 텍스트에서 시대를 초월한 진리가 그 주제를 통해 어떻게 증명될 수 있을까?

우리의 논의를 계속하기 전에 한 가지 가상의 사례를 생각해보면 도움이 되지 않을까 싶다. 목사가 점점 늘어나는 교인들로 인해 기존의 성경 교육 사역을 재편할 필요성을 느꼈다고 해보자. 원래 큰 규모로 진행하던 성경 공부 모임을 10-15명의 작은 그룹들로 나누고, 이 그룹들에 대한 책임을 구성원들을 목회하는 것까지 확장할 생각이다. 신약에서 성경 공부 그룹이 구성원들을 목회할 것과 특정 크기의 성경 공부 그룹을 규정하고 있지는 않지만, 교인들이 늘어나는 상황에서는 그런 접근법이 효과적일 수 있다. 이런 프로젝트의 신학적인 의미는 공동 사역이다. 그래서 목사는 성경의 텍스트로 에베소서 4장 1-16을 찾아낼 수 있다. 이 텍스트는 교회의 모든 구성원이 사역을 해야 할 필요성에 관해 말하고 있다. 목사는 이 구절을 객관적으로 해석하여 '신자들은 그리스도의 형상으로 형성되어가는 하나의 몸으로서 각자의 소명에 따라 행해야 한다'라는 문장으로 주요 개념을 정리할 수 있다. 이 진술에서 나오는 시대를 초월한 원칙 중 하나는 그리스도의 교회가 모든 신자를 복음의 사역자로 훈련시킴으로써 그분의 형상을 닮아가야 한다는 것이다. 이 원칙을 목사의 비전과 연결시켜보면, 소그룹 리더들이 성경 교육만이 아니라 목회적 돌봄을 통해서도 그리스도의 몸을 함께 이끌도록 훈련시킬 수 있다.

성경의 원칙 전하기

위의 과정을 신중하게 거쳤다면 교인들을 목적지까지 전략적으로 이끄는 데 도움이 되는 설교나 설교 시리즈를 위해 필요한 것들이 준비되었을 것이다. 이 시점에서 중요한 것은 우선순위를 올바로 유지하는 것이다. 먼저 성경 외적인 주제를 전하고 나서 비성경적인 원칙을 텍스트에 억지로 끼워 맞추는 것이 아니라, 먼저 텍스트의 원칙을 정한 뒤에 그것을 성경 외적인 주제에 적용해야 한다. 이 두 방식 사이에는 차이가 있다. 전자의 순서를 따르면 교인들을 자신이 원하는 방향으로 유도하기 위해 성경 텍스트를 오용할 수 있다. 반면, 후자의 순서를 따르면 설교의 성경적 충실성과 설교자의 올바른 역할을 유지할 수 있다.

텍스트의 적용이 아니라 원칙부터 전하는 순서를 고수하기 위해 두 가지 가이드라인을 제시하고자 한다. 첫 번째 가이드라인은 원칙과 함의를 구분는 것이다. 교인들은 목사인 우리가 설교 중에 하는 모든 말을 하나님에게서 온 것으로 듣는다. 이 점을 늘 인식하고 있어야 한다. 목사로서의 권위와 우리가 하나님의 말씀을 본문으로 설교하고 있다는 사실로 인해, 그들은 우리의 모든 말을 "여호와가 이와 같이 이르셨다"라는 말씀으로 듣는다. 따라서 설교 중에 성경 구절에서 함의를 도출해낼 때, 그것을 구절 속의 구속력 있는 원칙과 구분하는 일이 매우 중요하다. 이와 관련해서는 로빈슨의 설명이 도움을 준다.

> 함의는 필요하거나, 개연성이 있거나, 가능하거나, 개연성이 없거나, 불가능할 수 있다. 예를 들어 "간음하지 말라"라는 구절 속의 '필요한' 함의는 배우자가 아닌 사람과 성관계를 갖지 말아야 한다는 것이다. '개연성이 있는' 함의는 배우자가 아닌 사람과의 끈끈한 유대 관계를 매우 조심해야 한다는 것이다. '가능한' 함의는 배우자가 아닌 사람과 집회 등에 주기적으로 출장을 가지 말아야 한다는 것이다. '개연성이 없는' 결론은 배우자가 아닌 사람과 절대 점심 식사를 하지 말아야 한다는 것이다. '불가능한' 함의는 배우자가 아닌 사람과 같은 테이블에 있기 때문에 다른 부부와 저녁 식사를 해서는 안 된다는 것이다.[10]

로빈슨은 이렇게 결론을 내린다. "설교자들이 '가능한' 함의에다가 순종의 차원인 '필요한' 함의의 권위를 부여하는 경우가 너무 많다. 오직 '필요한' 함의로만 '여호와가 이와 같이 이르셨다'라고 말할 수 있다."[11]

본질적으로 성경 외적인 것, 즉 하나님이 성경에서 직접 다루시지 않은 것으로 교인들을 이끌기 위해 설교 사역을 할 때 특히 이 점을 고려해야 한다. 텍스트의 의도를 명시한 원칙만 "여호와가 이와 같이 이르셨다"라고 설교할 수 있다. 오직 그것만 교인들에 대해 구속력을 가진다. 앞서 말한 가상의 사례에서 "여호와가 이와 같이 이르셨다"라는 말씀은 신자들이 그리스도의 형상으로 재창조되는 과정의 일부로서, 복음 사역에 봉사할 수 있는 자격을 갖추어 자신의 소명을 이루라는 가르침이다. 교회의 활동을 성경 공부와 목회적 돌봄을 위한 소그룹들로 나누는 것은 성경 외적인 프로그램이다. 이것은 기껏해야 원칙의 '가능한', 혹은 '개연성이 있는' 함의일 뿐이다. 목사는 설교 중에 교인들에게 이 점을 확실하게 명시해야 한다. 목사는 설교할 때 본문의 원칙을 우선시해야 한다. 다른 무엇보다도 교인들에게 원칙을 강조해야 한다. 강조점을 뒤집어서 프로그램을 강조하면 교인들의 삶을 변화시킬 능력이 전혀 없는 것으로 그들을 권면하는 셈이다.

두 번째 가이드라인은 교인들에게 원칙에 순종하라고 권면하는 것이다. 텍스트의 원칙을 자신의 목표를 위한 함의와 구분하는 것만으로는 충분하지 않다. 자신의 원칙을 받아들이는 것보다 원칙에 순종하는 것을 더 강조해야 한다. 바울은 디모데에게 "읽는 것과 권하는 것과 가르치는 것에 전념하라"라고 말했다(딤전 4:13). 이것은 단순한 제안이 아니었다. 이것은 설교할 때 특정한 일들을 반드시 하라는 명령이었으며, 그 일 중 하나는 '권면'이었다. 구체적으로 이 단어는 의지에 호소하는 도덕적 교훈을 말한다.[12] 이것은 교인들에게 하나님의 말씀을 적용하라고 촉구하고 그 말씀에 순종하라고 경고하는 것을 포함한다.[13] 이것은 우리가 설명하고 그들의 삶에 적용시키는 성경의 원칙에 따르라는 강한 호소거나 촉구거나 초대다.

강한 권면은 리더들이 사람들을 따라오게 하기 위해 사용하는 적용의 여러 형태 중 하나다. "내가 그리스도를 본받는 자가 된 것 같이 너희는 나를 본받는 자가 되라"(고전 11:1)라는 바울의 말은 자신을 따라오라는 촉구의 말이다. 우리가 사람들에게 "나를 따라오라"라고 말하지 않는다면 그들을 진정으로 이끌고 있는 것이 아니다. 권면은 사람들에게 순종을 통해 삶의 변화를 증명해 보이도록 촉구하는 것이다. 그리고 교인들에게 순종을 증명해 보이는 방법으로 성경 외적인 목표를 받아들이라고 촉구하는 것은 아무런 문제가 없다. 그들이 텍스트 속 하나님의 말씀을 받아들인다면 성경 외적인 목표를 따를 가능성은 훨씬 높아질 것이다.

결론

겉으로는 아주 좋아 보이지만 사실이 아닌 종교적인 격언을 들어본 적이 있을 것이다. 예를 들어, 레오나드 레이븐힐(Leonard Ravenhill)은 "너무 하늘만 생각하다가 이 땅에서 쓸모가 없어지지 않도록 조심하라"라는 말에 의문을 제기한다.[14] 이 주장은 적절한 실천 신학처럼 들리지만, 사도 바울이 골로새서 3장 1-2절에 기록한 "위의 것을 찾으라 거기는 그리스도께서 하나님 우편에 앉아 계시느니라 위의 것을 생각하고 땅의 것을 생각하지 말라"라는 권면과 정면으로 충돌한다. 그래서 레이븐힐은 이런 오해에 관해서 이렇게 선포한다. "형제여, 이 세대의 신자들은 대체로 이런 문제를 안고 있지 않다. 영혼을 흔드는 냉엄한 진실은 우리가 너무 이 땅의 것들만 생각하느라 하늘의 것들에서 쓸모가 없어졌다는 것이다."[15]

설교와 리더십에 관해서도 우리는 말로 표현하든 그러지 않든 비슷한 거짓을 수용하고 옹호한다. 어떤 목사들은 너무 영적인 것만 생각하느라 실질적인 것에는 쓸모가 없다는 말을 듣기도 한다. 그들은 성경 지식으로 교인들을 살찌우지만 그 지식을 교인들의 실제 삶으로 연결시키지 않는다. 그들은 깊이 있는 설교를 하지만 그들의 리더십은 피상적이다. 그런가 하면 어떤 목사들은 실질적인 것에만 신경을 쓴 나머지 영적인 유익을 끼치지 못하고 있다는 비난을 받는다. 그들은 설교 시간에 일시적인 비전을 던지고, 사역 프로그램을 선전하고, 주변 문화에 맞춘 핵심 가치들을 제시하는 식으로 한쪽 극단으로 치우친다.

어느 쪽 극단도 옳지 않다. 목회적 설교에서 우리가 진정으로 영적인 것을 추구한다면 실질적인 측면에서도 교인들에게 도움이 된다. 그리고 우리가 실질적인 측면에서 교인들을 돕고 있다면 십중팔구 그들을 영적으로도 돕는 것이다. 목사들이 설교와 리더십의 결합에서 얻는 가치를 증명하기 위해서는 극단으로 치우치도록 압박하는 요인들을 늘 인식하고 있어야 한다. 또 성경 강해를 통해 교인들을 그리스도를 닮은 모습으로 이끈다는 궁극적인 목표에 철저히 헌신해야 한다. 마지막으로, 목사들은 모든 구절에서 성령의 의미와 의도를 전달하도록 훈련을 받아야 한다. 성경 외적인 이슈들로 그 의미와 의도를 흐리게 하지 말아야 한다. 우리가 성경 외적인 목표들을 성경의 "여호와가 이와 같이 이르셨다"라는 말씀 아래 겸손히 내려놓을 때 교인들을 가장 전략적으로 이끌 수 있다.

4장
강단에서의 서번트 리더십

"우리는 우리를 전파하는 것이 아니라 오직 그리스도 예수의 주 되신 것과 또 예수를 위하여 우리가 너희의 종 된 것을 전파함이라"(고후 4:5).

강단에서 하나님의 백성들을 돌보는 것을 포함하여 성경적 리더십에 관한 모든 논의는 서번트 리더십의 개념 위에서 이루어져야 한다. 성경적으로 보면 섬김은 단순히 우리가 사람들에게 영향을 미치는 여러 가지 방법 중 하나가 아니다. 섬김은 리더십을 정의하는 말 그 자체다. 그래서 리더십에 '서번트'라는 단어를 붙이는 것도 불필요하다! 예수님은 리더십을 그분의 나라에서 섬기는 일로 분명하게 기술하셨다. 그리고 우리의 스승이신 그분은 그 개념을 설명만 하시지 않고 자신의 삶과 사역에서 그대로 실천하셨다.

제자들이 영향력과 권위 있는 자리를 차지하려고 옥신각신할 때 예수님은 서번트 리더십을 확실하게 정의해주셨다(막 10:35-41). 예수님은 그들을 꾸짖으시고 리더십에 관한 세상의 정의와 성경적 정의를 구별하시며 그들의 시각을 바로잡으셨다. 예수님의 설명에 따르면 세상은 사람들을 "주관"하는 "집권자들"로 리더를 정의하고, "그들에게 권세를 부리는" 것으로 위대함을 평가한다(막 10:42). 하지만 예수님은 종의 삶을 리더십의 진정한 특징으로 제시하면서 제자들에게 "섬기는" "종"이 됨으로써 "크고" "으뜸"이 되라고 가르치셨다(막 10:43-44). 무엇보다도 그분 자신이 "섬김을 받으려 함이 아니라 도리어 섬기려" 오셨다(막 10:45).

예수님은 제자들을 위해 서번트 리더십을 정의하실 뿐 아니라 그 리더십의 본을 보여주셨다. 그분의 삶과 사역 전체가 자신을 사람들에게 내어주는 것이 어떤 것인지를 보여주는 본보기였다. 중풍에 걸린 친구를 위해 지붕을 뚫고 집에 들어간 네 명의 친구들(마 9:1-8), 수치스러운 비밀을 품고서 그저 예수님의 옷이라도 만지려고 했던 수줍음 많은 여인(마 9:20-22), 절박한 음성으로 자비를 호소한 두 시각장애인(마 9:27-31) 등 예수님은 그들 모두를 섬겨주셨다. 본보기로서 예수님의 모습은 배신당하시던 날 밤에 가장 분명하게 나타났다. 마지막 식사를 위해 제자들을 다락방으로 소집하신 예수님은 식탁에서 일어나 수건과 대야를 챙겨 제자들 앞에 무릎을 꿇고 그들의 발을 씻어주셨다(요 13:1-16). 이 겸손한 섬김에는 직접적인 명령도 포함되었다. "내가 주와 또는 선생이 되어 너희 발을 씻었으니 너희도 서로 발을 씻어 주는 것이 옳으니라 내가 너희에게 행한 것 같이 너희도 행하게 하려 하여 본을 보였노라"(요 13:14-15). 예수님은 가르치신 대로 실천하셨다!

사실 예수님은 서번트 리더십을 정의하시고 본을 보여주셨을 뿐 아니라 그야말로 서번트 리더십의 화신이었다. 역사상 가장 이타적인 사랑의 희생은 그분이 쓸모없는 죄인들을 위해 자신의 무고한 생명을 기꺼이 내어놓으셨을 때 이루어졌다. 그분의 대속의 죽음은 궁극적인 섬김의 행위요 그분이 오신 이유였다. "인자가 온 것은 섬김을 받으려 함이 아니라 도리어 섬기려 하고"(마 20:28). 바울은 그리스도의 희생적인 죽음이 섬김을 가장 뚜렷하게 보여준 사건이자 우리가 섬김을 실천해야 할 가장 큰 이유라는 점을 알았다. 그는 빌립보 교인들에게 보낸 편지에서 그리스도의 성육신을 "자기를 비워 종의 형체를 가지"신 것으로, 그분의 "십자가에 죽으심"을 겸손한 섬김의 행위로 설명했다(빌 2:6-8). 신자들을 위한 바울의 이전 권면["아무 일에든지 다툼이나 허영으로 하지 말고 오직 겸손한 마음으로 각각 자기보다 남을 낫게 여기고", "각각 자기 일을 돌볼뿐더러 또한 각각 다른 사람들의 일을 돌보아"(빌 2:3-4)]은 그리스도의 삶과 사역에 근거한 것이었다. 이렇듯 예수님이 품으신 섬김의 마음은 우리의 섬김을 위한 본보기요 동기가 된다(빌 2:5).

예수님의 삶과 사역으로 볼 때 강해 설교를 섬김의 리더십으로 이해하지 않고서는 강해 설교의 패러다임을 구성하는 일이 불가능하다. 이 말은 실천적인 의미에서 우리가 다른 사람들을 섬기지 않고 그들을 이끌 수는 없다는 뜻이다. 보통 우리가 사역에서 서번트 리더십을 말할 때는 천한 일을 기꺼이 하고, 상대방을 높이고 우리는 낮아지며, 온순하거나 공경하는 태도를 품는 것을 의미한다. 하지만 많은 면에서 설교는 정반대의 것을 필요로 한다. 설교라는 신성한 일은 천한 일과 거리가 멀다. 우리는 강단에서 사람들 앞에 서기 때문에 이름 없는 역할과는 거리가 멀다. 그리고 강하고 담대하게 확신을 표현하도록 부름받았다.

그렇다면 우리는 강단에서 어떻게 서번트 리더십을 발휘할 수 있을까? 참된 설교의 모든 측면이 그렇듯 성경에 대한 충실함이 바탕을 이루고 있어야 한다. 하지만 성경적인 충실함 외에도 서번트 리더십은 궁극적으로 우리 마음의 상태에 따라 결정된다. 우리는 하나님의 말씀을 충실하게 강해함으로써 우리가 섬기는 주님을 높이고, 우리가 사역하는 방식에서 그분의 성품을 드러내며, 우리가 품은 마음으로 그분의 마음을 보일 수 있다. 이 모든 것은 종이 되는 것이 무슨 의미인지에 관한 본을 보일 뿐 아니라, 궁극적인 서번트 리더이신 예수님의 마음을 사람들에게 보여준다. 우리는 이런 기본적인 원칙을 실천하려고 노력해야 한다. 그러기 위해서는 구체적으로 어떻게 해야 할까? 우리의 강해적 리더십이 서번트 리더십이 되기 위한 몇 가지 분명한 특징들이 있다.

서번트 리더는 누구를 섬기는지로 구별된다

종의 정체성은 언제나 주인이 결정한다. 예수님은 사람들이 자신과 제자들의 관계를 보고 제자들이 예수님의 종임을 알 것이라고 자주 말씀하셨다. 그 관계로 인해 제자들은 모욕, 거부, 미움, 핍박을 예상해야 했다(마 10:16-25). 예수님은 "내가 너희에게 종이 주인보다 더 크지 못하다 한 말을 기억하라 사람들이 나를 박해하였은즉 너희도 박해할 것이요"(요 15:20), "너희를 영접하는 자는 나를 영접하는 것이요"(마 10:40), "너희를 저버리는 자는 곧 나를 저버리는 것이요"(눅 10:16)라고 말씀하셨다. 종은 사람들이 자신을 받아주든 그러지 않든 자신이 누구를 대표하고 있는지 명백히 밝힐 책임이 있다.

또 예수님은 자신을 향한 제자들의 충성심으로 사람들이 그분의 종을 알아볼 것이라고 가르치셨다. 그리스도와 그분의 제자 사이 관계의 핵심은 종이 주인에게 보여주는 충성과 순종이다. 예수님은 이런 절대적인 충성과 상호배타적인 특성을 이렇게 기술하셨다. "한 사람이 두 주인을 섬기지 못할 것이니 혹 이를 미워하고 저를 사랑하거나 혹 이를 중히 여기고 저를 경히 여김이라 너희가 하나님과 재물을 겸하여 섬기지 못하느니라"(마 6:24). 마찬가지로 바울은 다음과 같은 수사의문문에서 주인에 대한 순종을 바탕으로 한 종의 충성을 기술했다. "너희 자신을 종으로 내주어 누구에게 순종하든지 그 순종함을 받는 자의 종이 되는 줄을 너희가 알지 못하느냐"(롬 6:16). 한마디로 우리는 다 누군가 혹은 무언가의 종이며, 우리의 충성과 순종은 주인의 진정한 정체성을 드러낸다.

예수님의 말씀에 따르면 그분의 종은 그분께 받은 임무로도 식별된다. 예수님은 제자들의 발을 씻어주시면서 가서 다른 사람들에게 똑같이 하라고 가르치셨다. 이때 "종이 주인보다 크지 못하고 보냄을 받은 자가 보낸 자보다 크지 못"하다며 그들의 동기를 유발하셨다(요 13:16). 다시 말해, 진정한 리더는 자신이 할 용의가 없는 일을 누군가에게 시키지 않는다. 하지만 여기에는 종인 우리에 관한 더 큰 의미가 내포되어 있다. 그것은 궁극적으로 종이 받은 임무는 그 임무를 받은 종과 임무에 대한 주인의 바람을 담고 있다는 것이다.

따라서 서번트 리더십은 그리스도의 종으로서 우리의 임무를 깨달으면서 시작된다. 그분과의 관계, 그분께 대한 충성, 그분께 받은 임무는 모두 우리가 그분을 섬기는 종이라는 사실을 가리킨다. 실천적인 차원에서 우리는 그분의 종이라는 이 정체성으로 우리의 사역을 올바른 관점으로 바라보아야 한다. 바울처럼 하나님 나라에서 우리가 누리는 자리는 전적으로 그분의 분에 넘치는 자비 덕분이라는 사실을 깨달아야 한다. 사도 바울은 자신의 사역을 하나님의 "긍휼하심"으로 받은 직분이라고 말한다(고후 4:1). 그는 자신이 하나님께 쓰임받을 자격이 없지만, 하나님의 은혜로 그분을 섬길 자로 선택되고 임명을 받았다는 사실을 깨달았다(딤전 1:12-14). 이것이 그가 사역에서 보여준 확신과 담대함의 원천이었다. "우리가 그리스도로 말미암아 하나님을 향하여 이같은 확신이 있으니 우리가 무슨 일이든지 우리에게서 난 것 같이 스스로 만족할 것이 아니니 우리의 만족은 오직 하나님으로부터 나느니라 그가 또한 우리를 새 언약의 일꾼 되기에 만족하게 하셨으니"(고후 3:4-6, 고전 15:10 참고). 그 결과, 바울의 삶과 사역은 오직 그의 주인을 중심으로 이루어졌다.

우리도 마찬가지로 우리 왕을 섬기도록 위임과 명령을 받았다. 우리는 그분의 자녀로 입양될 때 그분을 섬기는 종으로도 임명되었다. 우리는 왕의 종으로 각자의 임무에 배치를 받았다. 이로 인해 우리는 두 가지 면에서 왕의 종이 아닌 자들과 구별된다. 주로 이것은 우리가 왕의 뜻을 받든다는 의미다. 우리는 하나님께 사역과 소명을 받았기 때문에 궁극적으로 그분의 지시를 받는다. 따라서 우리는 언제 어디서 어떻게 그분을 섬길지 선택할 자유가 없다. 그분이 우리에게 임무를 주시며, 우리는 한눈을 팔거나 포기하거나 낙심하여 그분을 영화롭게 하고 기쁘시게 하는 일을 멈추지 않기로 결단해야 한다. 그분의 종으로서 의무에서 벗어나는 일은 결코 허락되지 않는다.

우리가 왕의 뜻을 받든다는 것은 그분이 우리의 목표, 우선 사항, 방향, 역할을 결정하고 정의하신다는 뜻이기도 하다. 그리고 종은 주인의 대변인으로서 주인의 말을 충실하게 선포해야 할 의무를 지닌다. 우리는 "그리스도의 일꾼"(고전 4:1)이요 그분의 진리를 맡은 자라는 임무를 "하나님께 받은"(고후 2:17) 대표들이다. 우리는 그분을 대신해서 말하고, 그분의 권위 아래서 일하며, "그리스도를 대신하여 사신"(고후 5:20)으로 임명을 받아 우리 왕의 메시지를 전한다.

우리는 하나님께 충성을 서약하지만 때로 우리의 소명을 저버리고 왕의 목적이 아닌 우리 자신의 이익을 추구하려는 유혹을 받을 수 있다. 교회 안에서 사람들의 시선이나 압박, 개인적인 반대로 인해 자기 보호를 위한 설교를 하기 시작할 수 있다. 하지만 사람들의 비위를 맞추면 더 이상 하나님의 뜻을 받들지 못한다는 점을 유념해야 한다(갈 1:10). 스펙트럼의 반대편 극단에서, 일이 잘 풀려 교만이 싹트기 시작할 때 우리는 자신을 높이기 위한 설교를 하기 시작할 수 있다. 그럴 때 우리는 대변인이 아닌 쇼맨으로 전락한다. 왕의 인정보다 사람들의 박수갈채를 사랑하는 설교자로 변질된다(요 12:43).

그분의 종 된 우리는 우리 주님의 정체성 안에서 안정과 확신을 찾아야 한다. 우리의 기쁨과 만족은 우리 왕을 높이고 기쁘시게 하는 데서 발견되어야 한다. 우리는 주님의 말씀을 충실하게 강해하고 그분의 메시지를 충성스럽게 전하고 나서 "우리는 무익한 종이라 우리가 하여야 할 일을 한 것뿐"이라는 사실만으로 만족할 수 있어야 한다(눅 17:10). 그분은 왕이시며, 그 뜻을 받드는 것은 크나큰 영광이요 특권이다.

서번트 리더로서 우리의 역할은 왕의 뜻을 받드는 것만이 아니라 왕의 백성을 섬기는 것이기도 하다. 하나님의 은혜로 우리는 교회를 돌보고 그분의 양 떼를 치는 역할과 책임을 맡았다. 베드로는 장로들에게 겸손한 리더십과 그에 따른 적절한 접근법을 가르쳤다. "너희 중에 있는 하나님의 양 무리를 치되…맡은 자들에게 주장하는 자세를 하지 말고 양 무리의 본이 되라"(벧전 5:2-3). 모든 신자는 "사랑으로 서로 종 노릇" 하도록 부름받았지만(갈 5:13), 특별히 목사들은 섬김을 통해 예수님의 리더십을 본으로 보일 책임이 더 크다.

우리는 리더로서 교회가 우리를 섬기기 위해 존재하는 것처럼 굴 때가 너무나 많다. 하지만 실제로는 정반대로 우리가 교회를 섬겨야 한다. 교인들이 친절하고 협조적일 때는 그들을 섬기기가 상대적으로 쉽지만, 사역이 힘들어지더라도 그들을 섬겨야 할 의무는 변하지 않는다. 바울은 고린도에 여러 번 방문하여 오랫동안 많은 투자를 했던 사람들에게 푸대접과 오해를 받았다. 그는 "그들 가운데서 하나님의 말씀을 가르치"면서 충성스럽게 섬겼는데도 그런 대접을 받았다(행 18:11). 하지만 바울은 고린도교회의 까다로운 사람들과 상황들을 다루며 사도로서 직책상의 리더십과 권위를 발휘하지 않았다. 그 대신 "예수를 위하여…종"의 역할에 더욱 매진했다(고후 4:5). 그는 종으로서 리더십을 발휘했다.

고린도후서에서 바울의 목표 중 하나는 그가 "지극히 크다는 사도들"(고후 11:5)이라고 비꼬았던 자들과 구별되는 것이었다. 그들은 종과는 거리가 있는 거짓 교사들이었다. 그들은 화려한 언변, 영적 경험, 인상적인 풍채, 높은 지위를 바탕으로 자신을 높였다. 하지만 바울은 표리 일치를 유지하고 종으로서의 사역을 강조함으로써 그들과 구별되었다. 특히 그는 설교를 복음 사역의 주된 도구로 사용했고, 그 과정에서 강단에서 발휘해야 할 서번트 리더십의 중요한 특징들을 보여주었다.

바울은 처음 설교 사역을 강조할 때 자신의 방법들을 분명히 밝혔다. 서번트 리더로서 그는 사역을 위한 자신의 접근법이 정직과 표리 일치로 여타 접근법과 구별되어야 한다는 점을 알았다. 이런 이유로 그는 "숨은 부끄러움의 일을 버리고"(고후 4:2) 비밀스럽고 추악한 관행이나 속임수에 일체 관여하고 싶지 않았다. 다른 사람들은 부끄러운 방식을 택했지만 그는 뒤에서 몰래 협상하는 방법을 멀리했다. 그리고 이기적이거나 부정직한 일에 앞장서는 사역들을 멀리했다. 또 바울은 "속임으로 행하"기를 거부했다(고후 4:2). "속임"은 사탄이 하와를 기만했던 것을 묘사할 때 사용된 단어다(고후 11:3). 바울은 자신이 원하는 바를 이루기 위해 사람들을 교묘하게 유도하는 교활하고 기만적인 설교 방식을 거부했다. 그는 영적 사기꾼이 아니었다. 우리도 서번트 리더로서 그래야만 한다.

같은 구절에서 바울은 자신의 메시지를 분명히 밝혔다. 그를 비롯한 충성스러운 리더들은 "하나님의 말씀을 혼잡하게" 하기를 거부했다(고후 4:2). 이는 설교를 공개적이고 하나님의 말씀에 충실하게 한 것을 의미한다. 그는 어떤 상황에서도 사람들의 입맛에 맞추어 하나님의 말씀을 희석하거나 왜곡하기를 거부했다. 그는 사람들의 귀에 듣기 좋은 소리로 비위를 맞추는 사람이 아니었다(딤후 4:3 참고). 그는 아첨쟁이가 아니었고 거짓 교사는 더더욱 아니었다.

또 바울은 자신의 사역이 떳떳한 이유 중 하나로 자신의 동기를 꼽았다. 그는 "하나님 앞에서 각 사람의 양심에 대하여 스스로 추천하노라"라고 자신했다(고후 4:2). 이런 자신감은 그의 동기에 일말의 불순함도 없었다는 뜻이다. 그는 실로 믿을 만했다. 그리스도께 순종하고 하나님의 백성들을 돌보는 일에 그야말로 흠잡을 데 없고 의문스러운 구석이 하나도 없었다. 이런 그의 모습을 모든 사람이 똑똑히 볼 수 있었다. 그는 모든 것을 숨김없이 드러냈고 성경적 기준에 따른 사람들의 조사와 평가를 얼마든지 환영한다는 듯한 자신감을 내비쳤다. 바울의 이런 태도는 "하나님의 말씀을 혼잡하게"(고후 2:17) 하여 교회를 속이는 다른 사역자들과 가장 분명하게 대비되는 특징이다. 무엇보다도 그는 그가 섬기는 왕, "하나님 앞에서" 떳떳했다. 그의 동기는 순수했고 오직 하나님 나라로만 향해 있었다.

우리의 리더십도 하나님을 섬기고 그분의 백성을 이끄는 데 헌신하는 마음을 기초로 해야 한다. 그런데 우리 마음의 진실함을 평가하려면 까다로운 질문을 던지고 솔직히 답해야 한다. 예를 들어, 하나님과 그분의 백성들을 섬기라는 부르심이 분에 넘치는 특권임을 깨닫고 있는가? 아니면 오히려 하나님이 우리를 팀원으로 얻으셔서 다행이라는 식의 교만한 태도로 섬기고 있는가? 이렇게까지는 아니더라도 우리가 수시로 사역의 배경에 대해 불평하거나 섬겨야 할 사람들을 비판한다면 우리가 교만하고 건방지다는 증거다. 하나님의 뜻을 받들지 않고 자기가 좋은 대로 섬기는 태도에서도 이런 영적인 부패를 볼 수 있다. 따라서 자신을 솔직하게 돌아보아야 한다. 자신의 역할에 초점을 두고 있는가? 자신의 역할만 보면서 짜증을 내는가? 자신이 더 많은 것을 맡을 자격이 있다고 생각하는가? 다른 사람들의 역할을 부러워하면서 높은 자리로 올라갈 야망을 품고 있는가? 역할 자체에 사로잡히지 말고 우리가 섬기는 왕께 집중해야 한다.

우리가 왕을 섬기는 것은 병사가 상관의 지시를 따르는 것과 비슷하다. 상관의 명령에는 토를 달지 말아야 한다. 병사의 순종은 무조건적이다. 병사는 사령관에게 복종하지만 그는 궁극적으로 국민을 보호하고 섬긴다. 즉 한 사람을 섬김으로써 다른 사람을 섬기는 것이다. 실제로 바울은 제자인 젊은 목사를 가르칠 때 이 예시를 사용했다. "병사로 복무하는 자는 자기 생활에 얽매이는 자가 하나도 없나니 이는 병사로 모집한 자를 기쁘게 하려 함이라"(딤후 2:4). 우리의 의무는 왕의 백성을 섬김으로써 그분을 기쁘시게 하는 것이다. 따라서 강단에서 서번트 리더십을 효과적으로 발휘하려면 우리가 누구인지가 아니라 우리가 누구를 섬기는지를 드러내야 한다.

서번트 리더는 섬기는 방식으로 구별된다

서번트 리더는 누구를 섬기는지로 구별될 뿐 아니라 섬기는 방식으로도 구별된다. 서번트 리더가 섬기는 방식에는 그들이 수행하는 행동과 태도가 포함된다. 그들의 행동과 태도는 서번트 리더십이 무엇인지를 가장 명확하게 보여주는 지표다. 그리고 궁극적으로 이것들은 리더의 효율성을 결정한다. 리더는 고급 레스토랑에서 훌륭한 음식을 가져다주는 웨이터와도 같다. 웨이터가 공손하고 친절하지 않거나 칠칠맞고 무뚝뚝한 태도로 음식을 나르면 그런 섬김의 방식으로 인해 음식의 질이 무색해진다. 이 말은 설교자인 우리에게 메시지의 내용뿐 아니라 메시지를 전하는 방식이 중요하다는 의미다. 우리는 주방장에게 누가 되지 않고 손님이 음식의 훌륭한 맛을 제대로 보도록 영적 음식을 제공해야 한다.

강단에서 교인들을 효과적으로 섬기고 이끌기 위해서는 설교할 때 사랑의 마음을 보여주어야 한다. 우리가 맡은 임무를 수행하는 방식을 통해 종의 마음이 분명하게 드러나야 한다. 이 일을 불평이나 냉담한 태도로 하는 것은 우리가 섬기는 주인에게 불경한 마음을 드러내는 것이다. 하지만 이 일을 신중하고 사려 깊게 하면 주인과 사람들을 향한 진정한 사랑의 마음이 드러난다. 마찬가지로 우리의 설교에는 우리 주님과 그분의 교회를 향한 사랑의 마음이 담겨 있어야 한다.

목자가 양 떼를 품은 사랑은 양 떼를 먹이는 방식에서 뚜렷하게 나타나야 한다. 이것은 자신의 영적인 성숙도를 점검하고 어떻게 양 떼가 성경의 중요한 진리를 소화해내도록 도울지 고민하는 일에서 시작된다(히 5:12-14). 교인들이 우리의 지도에 따라 성경을 삶에 적용하지 않을 때도 우리는 인내심을 발휘해야 한다. 설교할 때 교인들이 수긍하거나 감사하지 않아도 기분 나쁘게 여기지 말아야 한다. 우리는 근거 없는 비판까지도 기꺼이 받아들여야 한다. 그러면 교인들은 우리가 겸손히 배울 줄 아는 사람이라는 점을 보게 될 것이다. 종은 찬사를 받기 위해 섬기지 않으며, 사람들이 개선점을 지적해도 화내지 말아야 한다. 설교에 대한 이런 반응을 마주할 때 우리는 서번트 리더로서 열기를 삼키고 빛을 발함으로써 인내와 신실성을 말휘해야 한다. 바울은 갈라디아서에서 이렇게 말했다. "우리가 선을 행하되 낙심하지 말지니 포기하지 아니하면 때가 이르매 거두리라"(갈 6:9).

설교를 통해 서번트 리더십을 발휘하고 사랑의 마음을 보이는 또 다른 방법은 교인들을 공명정대하게 대하는 것이다. 교회 안에 편애나 편견의 자리는 없다(약 2:1-9). 그런데 설교할 때 자신도 모르게 교인들을 편파적으로 대하는 경우가 있다. 예를 들어, 어머니의 날에 자녀를 원하지만 가질 수 없거나 최근 어머니를 잃은 사람들의 심정을 헤아리지 못할 수 있다. 이런 휴일은 자주 있지는 않지만, 평소에도 우리는 각자 가장 익숙한 사람들이나 전형적인 교인의 범주에 속한 사람들에 국한된 사례와 적용만 사용할 때가 많다. 또 성가대 대원들에게 설교할 때 대원 중 일부에게는 관심을 기울이지 못할 위험이 있다. 이런 모습을 흔히 편파적인 대우로 생각하지 않지만 이것은 분명 교인 중 일부에게만 초점을 맞추고 나머지는 무시하는 것이다. 모든 시나리오나 청중의 상황을 고려할 수는 없더라도 교인들을 이끌고 섬길 때 그들 모두를 향한 사랑의 마음을 보여주려고 노력해야 한다.

우리가 강단에서 죄의 문제를 다룰 때만큼 사랑을 확실하게 표현할 수 있는 때도 없을 것이다. 물론 죄를 축소하지는 말아야 한다. 혹은 성경적으로 부도덕하고 비윤리적인 문화적 문제들을 다루기를 두려워하지 말아야 한다. 하지만 현재 이런 문제로 분투하고 있거나, 과거에 후회스러운 선택을 했거나, 불경한 삶의 길에 빠진 가족이나 친한 친구를 둔 사람들에게 우리는 사랑과 연민의 어조로 그들에게 다가가야 한다. 우리의 마음이 다른 사람을 비판하거나 깔보는 쪽으로 흐르지 않도록 경계해야 한다. 성경적인 확신을 분명하게 선포하되 연민이 없다는 오해를 사지 않도록 조심해야 한다. 바울은 에베소에서 오랫동안 거하면서 자신의 접근법을 이렇게 설명했다. "유익한 것은 무엇이든지…거리낌이 없이 여러분에게 전하여 가르치고"(행 20:20), "내가 꺼리지 않고 하나님의 뜻을 다 여러분에게 전하였음이라"(행 20:27). 그러면서도 그는 "밤낮 쉬지 않고 눈물로 각 사람을 훈계"했다(행 20:31). 다시 말해, 그는 담대하고 타협 없이 설교하면서도 지적하고 훈계하고 가르칠 때 언제나 사랑과 배려와 공감으로 했다.

한마디로, 우리의 설교와 강단에서의 태도에는 따스함이 있어야 한다. 우리가 하나님의 말씀을 확신 있게 선포할 때도 교인들은 우리를 편안하게 다가갈 수 있는 사람으로 느낄 수 있어야 한다. 담대한 선포가 경건한 결단을 드러낸다고 생각할지 모르지만, 그것이 교만하고 공격적이며 위압적이고 배려 없는 태도로 비치는 경우가 많다. 예수님은 스스로 "온유하고 겸손"하다고 말씀하셨다(마 11:29). 그런데 그분의 사자가 가혹하고 사납게 군다면 그분께 영광이 되지 않는다. 우리는 담대함과 연민을 동시에 보여줄 수 있어야 한다. 열정과 함께 인내로 설교하면서 사랑의 마음을 보여주어야 한다. 우리가 이런 서번트 리더의 마음을 보여주면 교인들은 사랑을 느끼고 기꺼이 우리의 본을 따른다(빌 4:9).

사랑의 마음 외에도 우리는 설교할 때 잃은 자들을 향한 마음을 보여주어야 한다. 설교 전달과 태도에서 가장 영향력 있는 것 가운데 하나는 우리가 예수님을 알지 못하는 이들을 보고 대하는 태도다. 우리는 비성경적인 가치와 관점을 지닌 불신자들을 다가가서 구해주어야 할 상처 입은 희생자가 아니라, 무찌르고 파괴해야 할 적으로 바라볼 때가 많다.

하지만 사도 바울은 잃은 자들에 관해서 말할 때 그들을 향한 진정한 사랑을 담아서 말했다. 예를 들어, 그는 십자가의 메시지를 거부하는 불신자들을 자주 "멸망하는 자들"로 불렀다(고전 1:18). 이와 비슷하게, 복음과 자신의 사역이 "망하는 자들"에게는 사망의 냄새라고 말했다(고후 2:15-16). 계속해서 그는 "망하는 자들"의 마음이 가리어져서 복음을 보지 못한다고 말했다(고후 4:3). 바울이 활동하던 시대만큼이나 우리 문화에서도 불신자들을 이렇게 묘사하는 것을 '사랑'으로 여기지 않을 것이다. 하지만 이 구절에서 나타난 연민은 두 가지 면에서 사랑의 마음을 드러내고 있다.

첫째, 여기서 우리는 바울이 잃은 자들을 영적 렌즈를 통해 보고 있음을 알 수 있다. 다시 말해, 바울은 그들을 하나님의 형상을 품었으나 영적으로 죽어가는 영혼으로 본다. 그들을 미워하거나 무관심한 태도로 바라보지 않고, 그들이 거듭나지 못한 상태에 마음 아파한다. 복음이 그들에게 가리어져 있어서 그들은 하나님의 거룩하심, 자신의 악함, 그리스도의 용서라는 진리를 볼 수 없다. 이런 죄는 기만적이다. 그래서 실상은 눈먼 상태지만 자신이 상황을 분명하게 보고 있다고 확신하게 만든다. 하지만 우리의 설득으로 그들을 설득할 수 없을 뿐더러 그들 자신의 추론으로 우리가 인도하려는 결론에 이를 수도 없다. 그들이 그리스도께 돌아올 때만 "그 수건이 벗겨"진다(고후 3:16). 그들은 자신의 죄뿐 아니라 사탄에 의해서도 눈이 멀어 있다. 공중의 권세를 잡은 왕이자 "이 세상의 신"이 "믿지 아니하는 자들의 마음을 혼미하게 하여 그리스도의 영광의 복음의 광채"를 보지 못하게 만들었다(고후 4:4). 우리의 원수는 실재하며 불신자들을 멸망으로 이끌기 위해 열심히 그들을 속이고 있다. 하나님의 말씀은 사탄이 "광명의 천사로 가장"한다고 가르친다(고후 11:14). 사탄은 기만의 대가이며, 가짜들을 만들어 내느라 바쁘다. 그리고 그 자신이 가짜다. 사탄이 "멸망하는 자들"을 현혹시키기 위한 "불의의 모든 속임"이 우리가 그들로 인해 마음 아파하는 또 다른 이유다(살후 2:9-10).

둘째, 바울은 영원한 렌즈를 통해 잃은 자들을 본다. 그는 그들의 "멸망하는" 현재 상태가 언젠가는 하나님에게서 영원히 분리되는 영원한 죽음의 상태가 된다는 것을 알았다. 그들은 실제로 멸망해가고 있었다. 그로 인해 바울은 그들이 복음으로 구원을 받을까 하여 연민과 절박감을 담아 설교했다. 세상은 이 설교를 공포와 징벌의 메시지로 들을지 모르지만 이것은 사실 사랑의 메시지다. 하나님의 아들이라는 선물은 그분의 사랑의 표현이며, 그분의 대속의 희생을 개인적으로 믿으면 "그를 믿는 자마다 멸망하지 않고 영생을 얻게" 된다(요 3:16). 우리는 멸망해가는 죄인이지만 하나님은 우리를 위한 그리스도의 죽음으로 그분의 사랑을 증명해 보이셨다(롬 5:8). 요한은 "사랑은 여기 있으니 우리가 하나님을 사랑한 것이 아니요 하나님이 우리를 사랑하사 우리 죄를 속하기 위하여 화목제물로 그 아들을 보내셨"다고 말한다(요일 4:10). 바울은 하나님께 사랑을 받은 자로서 이제 삶을 변화시키는 복음의 사랑을 품고 사람들에게 하나님의 사랑을 보여주고 나누어주었다. 그의 마음은 자동적으로 사랑하도록 변화된 상태였으며, 이런 변화는 그의 설교에서 그대로 나타났다.

하지만 바울의 사역이 아무리 정직하고 동기가 순전하며 메시지가 분명해도 모든 사람이 그를 환영하거나 받아들인 것은 아니었다. 우리도 이 냉정한 현실을 받아들여야 한다. 바울은 자신에게 명료함과 연민이 부족해서가 아니라, 사람들이 각자의 영적 상태로 인해 복음을 거부할 것이라는 점을 이해했다. 그래서 그는 거부를 당해도 완강하거나 논쟁을 일삼거나 공격적으로 굴지 않았다. 그 대신 그는 주인의 마음을 닮은 사랑의 마음을 보여주었다. 우리의 설교 사역에서도 이와 같은 사랑이 두드러지게 나타나야 한다.

바울은 자신의 이전 상태를 통절히 인식하고 있었다. 그는 그리스도에게서 멀어져 무기력하고 절망적이었던 자신의 과거를 똑똑히 기억했다. 우리는 구원을 받기 "전에는 우리도 다 그 가운데서 우리 육체의 욕심을 따라 지내며 육체와 마음의 원하는 것을 하여 다른 이들과 같이 본질상 진노의 자녀"였다는 사실을 망각하기 쉽다(엡 2:3). 우리 주변에 있는 잃은 자들처럼 "우리도 전에는 어리석은 자요 순종하지 아니한 자요 속은 자요 여러 가지 정욕과 행락에 종 노릇 한 자요 악독과 투기를 일삼은 자요 가증스러운 자요 피차 미워한 자"였다(딛 3:3). 하지만 "긍휼이 풍성하신 하나님이 우리를 사랑하신 그 큰 사랑을 인하여 허물로 죽은 우리"를 그분의 은혜로 구원해주셨다(엡 2:4-5). 우리가 구원을 받은 것은 "우리 구주 하나님의 자비와 사람 사랑하심" 덕분이었다(딛 3:4-5). 이 관점을 품는 것이 매우 중요하다. 그리스도가 우리에게 절실하게 필요하며 우리가 자격 없이 구원을 받았다는 사실을 기억해야만 잃은 자들을 사랑할 수 있기 때문이다.

왜 설교를 통해 잃은 자들을 향한 마음을 보여주는 것이 서번트 리더십의 명백한 특징인지 궁금하지 않은가? 바울은 잃은 자들에게 다가가고 다른 사람들도 그렇게 하도록 이끌기 위해서는 이 마음이 필수적이라고 보았다. 사람들이 그리스도께로 나오게 만들기 위한 그의 영적 의무감과 불타는 열정은 고린도 교인들을 향한 선포에서 분명히 나타난다. "내가 모든 사람에게서 자유로우나 스스로 모든 사람에게 종이 된 것은 더 많은 사람을 얻고자 함이라…내가 복음을 위하여 모든 것을 행함은…"(고전 9:19, 23). 바울이 설명하듯이 그의 노력은 "자신의 유익을 구하지 아니하고 많은 사람의 유익을 구하"기 위함이었다(고전 10:33). 이어서 그는 고린도 교인들에게 "내가 그리스도를 본받는 자가 된 것 같이 너희는 나를 본받는 자가 되라"라고 권면한다(고전 11:1). 우리는 하나님의 백성들이 "멸망하는 자들"에게 복음과 사랑을 나눔으로써 다른 사람을 섬기도록 이끌어야 한다. 이보다 더 확실한 서번트 리더십은 없을 것이다.

서번트 리더십의 이런 측면들은 자기 성찰을 위한 질문들을 던져 우리의 마음을 점검하게 한다. 예를 들어, 우리는 잃은 자들을 위하는 사랑의 마음으로 사람들을 섬기고 있는가? 아니면 그들의 상태에 신경 쓰지 않고 있는가? 우리의 무관심과 냉담함은 우리도 전에는 눈먼 자였다는 사실을 망각한 결과인가? 아니면 단순히 자신 속의 영원한 가치를 깨닫지 못하는 죄인들에 대한 역겨움 때문인가? 아마도 가장 날카로운 질문이 가장 구체적인 질문일 것이다. 예수님을 모르는 자들에게 걱정과 연민이 아닌 분노와 짜증을 느끼고 있는가? 다시 말해, 우리의 마음은 잃은 자들을 성가시게 여기는가? 아니면 그들을 향한 의무감을 느끼는가?

이런 질문은 부담스러울 수 있다. 하지만 강단에서의 서번트 리더십을 제대로 평가하려면 자신의 마음을 솔직히 들여다보는 것이 매우 중요하다. 안타깝게도 그리스도인들은 세상 속에서 일어나는 일들에 찬성하기보다는 반대하는 사람들로 더 잘 알려져 있다. 특히 목사들이 그렇다. 우리는 사랑의 마음보다 뜨거운 논쟁으로 알려지기 더 쉽다. 하지만 공작에게 깃털이 있고, 표범에게 점이 있고, 호랑이에게 줄이 있는 것처럼 우리는 사랑의 마음과 잃은 자들을 위하는 마음으로 구별되어야 한다. 이 마음으로 하나님의 말씀을 충실히 전하고 서번트 리더십을 발휘해야 한다.

서번트 리더는 무엇을 섬기는지로 구별된다

요즘은 리더가 말로는 과하게 약속하지만 실제로는 그보다 못한 결과를 내놓는 경우가 드물지 않다. 영향력 있는 자리에 있는 사람이 약속한 대로 지키지 않을 때 흔히 '립 서비스'라는 표현을 사용한다. 구약 시대의 리더들은 이런 죄를 지었다. 그리고 예수님은 그들과 같은 짓을 저지른 당시의 종교 지도자들을 위선자로 부르며 꾸짖으셨다. "이 백성이 입술로는 나를 공경하되 마음은 내게서 멀도다"(마 15:8, 사 29:13 참고). 단, 그들의 위선은 단순히 말과 행동의 불일치가 아니었다. 그들은 하나님의 대변인으로서 자신을 치켜세웠지만 그분의 메시지를 자신의 메시지로 대체했다. 그래서 예수님은 그들을 향해 "너희의 전통으로 하나님의 말씀을 폐"한다고 하시고(마 15:6), "사람의 계명으로 교훈을 삼아 가르"친다고 꾸짖으셨다(마 15:9). 종교 지도자들은 미끼 상술을 자행한 영적 사기꾼들이었다. 조심하지 않으면 우리도 사역을 할 때 똑같은 죄를 저지를 수 있다. 우리의 섬김과 리더십은 우리가 왕의 전령으로서 무엇을 섬기는지, 즉 어떤 메시지를 전하는지로 평가된다.

진정한 섬김은 언제나 그에 상응하는 행동으로 증명된다. 예수님은 자신을 종으로 묘사하기만 한 것이 아니라 실제로 사람들을 섬김으로써 언행일치의 모습을 보이셨다. 그분은 어려운 사람들을 돕기 위해 하던 일을 멈추고서 먼길을 마다하지 않고 찾아가셨다. 그분은 떡과 생선 위에 축사하여 수천 갑절로 늘어난 음식을 수천 명의 굶주린 사람들에게 나누어주셨다. 그분은 수건과 대야를 준비해서 제자들의 발을 씻어주셨다. 또 친구와 원수를 위해 목숨을 내놓으셨다. 무거운 죄의 짐을 어깨에 짊어지고서 십자가 죽음의 형벌을 견디셨다.

우리의 섬김은 우리가 설교하는 내용으로도 평가된다. 예수님이 섬기신 것과 같은 방식으로 우리도 어려운 사람들을 돕고, 그들의 영적인 영양 섭취를 위해 생명의 떡을 쪼개야 한다. 그들의 안타까운 현실을 다루기 위해 겸손한 자세로 무릎을 꿇고서 소망과 구원의 유일한 원천인 예수님의 십자가를 가리켜야 한다. 이것이 우리가 강단에서 하나님의 백성들을 섬기고 그들이 하나님을 더 깊이 믿고 의지하도록 이끄는 방식이다.

이런 서번트 리더십을 발휘하기 위해 우리는 하나님의 말씀을 전하는 자로 부름받았다. 이전 장들에서 논했듯이 성경의 본질과 하나님의 대변인이라는 우리의 신분은 성경의 텍스트가 우리가 전하는 메시지의 원천이어야 함을 보여준다. 그런데 종으로서 우리의 역할을 감당하려면 성경 강해도 해야 한다. 성경 강해가 사람들의 필요를 채워주는 유일한 치료제를 제공하기 때문이다. 이것은 시대의 흐름에 맞추거나 사람들의 감정적 필요를 채우기 위해 성경의 진리를 다른 것과 타협하는 설교를 옹호한다는 뜻은 아니다. 단지 우리가 망가진 세상 속에서 살기에 사랑의 주님이 필요한 망가진 사람들에게 설교한다는 인식으로 이 신성한 소명에 접근해야 한다는 뜻이다. 우리가 그들의 상처를 치유하고, 약한 그들을 강하게 하고, 그들을 죄책감과 수치심에서 해방시키기 위해 설교한다는 인식이 있어야 한다.

우리가 종의 마음으로 교인들을 이끌면서 하나님의 말씀을 충실하게 전하면 성경이 의도하는 목적을 이룰 수 있다. 성경은 성경 자체와 그 말씀 안에 담긴 삶을 변화시키는 목적들, 그리고 우리가 그것을 충실하게 전할 때 나타나는 효과를 다양한 비유로 묘사한다.

이 모든 성경의 비유들은 우리의 설교가 청중을 섬기고 그들의 필요를 채워주는 방법에 관해 더 깊은 통찰을 제공해준다. 예를 들어, 우리의 설교는 "살아 있고 항상 있는 하나님의 말씀"을 통해 잃은 영혼들을 회심시키고 그들에게 새로운 생명을 주는 영적 "씨"를 뿌리는 것이다(벧전 1:23, 눅 8:11 참고). 설교는 우리에게 영적인 "불"을 가져오고, 교만으로 가득해서 굳을 대로 굳어진 마음을 녹이고 깨뜨리는 영적 "방망이"를 휘두른다(렘 23:29). 우리가 성경의 텍스트를 충실하게 전하는 것은 영혼을 소생시키고 영적 열매를 낳는 영적 "비"를 교인들의 삶 속에 보내는 것이기도 하다(사 55:10-11).

성경은 말씀 사역으로 교인들을 섬기는 일이 영적 "거울"을 드는 것과 같다고 말한다(약 1:22-25). 그것이 그들의 악하고 불안전한 구석을 드러내고 치료제를 제공해주기 때문이다. 나아가 "살아 있고 활력이 있"는 하나님의 말씀은 교인들의 영혼 깊은 곳을 뚫고 들어가 "마음의 생각과 뜻을 판단"함으로 그들의 영적 상태를 해부한다(히 4:12). 교인들의 성화를 위해서는 이렇게 죄를 깨우치고 바로잡는 역사가 필요하다. 교인들에게 하나님의 말씀이라는 "순전하고 신령한 젖"을 먹이면 그들이 개인적인 성장에 필요한 영적 영양소를 얻는다(벧전 2:2). 우리가 "의의 말씀"을 충실하게 전하면 교인들의 영적 굶주림을 채워주고 영적 분별력을 키워준다. 그리하여 그들로 하여금 하나님께 순종하는 삶을 살도록 훈련시키며 "단단한 음식"을 충분히 먹게 하여 "성숙"으로 나아가도록 이끈다(히 5:12-14).

교인들이 길을 잃어 지도를 구할 때 성경 강해는 그들의 발을 위한 "등불"이요 그들의 길을 위한 "빛"이 되어준다(시 119:105). 그들이 영적 싸움을 할 때 우리의 설교는 그들을 "성령의 검 곧 하나님의 말씀"으로 무장시켜준다(엡 6:17). 우리는 성경 강해로 교인들을 섬기며 금, 심지어 "많은 순금"보다도 귀한 영원한 부를 나누어주고 "꿀과 송이꿀보다 더 달"콤한 양식으로 그들을 만족시켜 줄 수 있다(시 19:10). 서번트 리더는 하나님의 말씀을 충실하게 전하는 모습으로 구별되어야 한다. 성경의 신적 본질과 초자연적인 효과는 교인들의 가장 큰 필요를 채워준다. 충실한 강해는 시의적절한 메시지를 통해 시대를 초월한 진리를 제시한다. 그렇게 우리는 하나님의 백성들을 충실하게 섬기고 인도하면서 그들을 목회할 수 있다.

우리가 청중의 삶을 변화시키는 복음의 진리를 전하면 그들은 성경이 자신을 변화시키는 능력을 직접 경험한다는 사실도 중요하다. 이는 우리가 하나님의 말씀을 전하는 것이 곧 복된 소식을 전하는 것이라는 뜻이다. 이 현실은 설교의 어조와 의도에 모두 반영되어야 한다. 우리가 진리를 선포하는 데 열정을 다해야 하는 만큼, 우리가 전하는 메시지는 엄연히 복된 소식이다. 정의와 심판이 충실하게 선포되어야 하는 만큼, 그 메시지는 엄연히 복된 소식이다. 죄를 정확히 지적하고 다루어야 하는 만큼, 우리가 전하는 메시지는 엄연히 복된 소식이다. 교회 안으로 스며든 문화적 영향력에 정직하게 맞서야 하는 만큼, 우리가 전하는 메시지는 엄연히 복된 소식이다. 힘든 상황 속에서 신음하는 사람들을 위로하는 일이 어렵지만, 우리가 전하는 메시지는 엄연히 복된 소식이다.

우리가 강단에서 발휘하는 서번트 리더십의 효과는 우리의 설교에 복음이 얼마나 충만하게 나타났는지에 정비례한다. 우리가 모든 구절에서 구속적인 진리를 강조하고, 그리스도가 완성하신 사역의 관점에서 텍스트를 적용할 때 교인들은 우리의 설교에 자신들을 섬기기 위한 진지한 노력이 들어갔음을 깨닫는다. 우리의 설교는 "아름답도다 좋은 소식을 전하는 자들의 발이여"라는 말을 들을 만해야 한다(롬 10:15, 사 52:7). 그러면 복음이 교인들의 영혼을 만족시키고 그들의 영적 갈증을 풀어줄 것이다. "먼 땅에서 오는 좋은 기별은 목마른 사람에게 냉수와 같"다(잠 25:25).

우리 교인들의 마음을 복음으로 향하게 이끄는 일은 최고의 섬김일 뿐 아니라 가장 위대한 형태의 리더십이다. 사도 바울은 모든 설교자에 대해 "우리는 우리를 전파하는 것이 아니라 오직 그리스도 예수의 주 되신 것과 또 예수를 위하여 우리가 너희의 종 된 것을 전파"한다고 선포한다(고후 4:5). 그는 개인적인 평판을 매우 중시했던 문화와 배경 속에서 자신의 사역과 사명이 복음을 선포하여 사람들을 섬기는 일임을 명백히 밝혔다. 그는 복음의 핵심이 자신이 아니라는 점을 분명히 알고 "우리는 우리를 전파하는 것이 아니라"라고 선언했다. 따라서 참된 서번트 리더로서 우리의 복음 선포는 스스로 관심을 받거나, 추종자들을 모으거나, 누군가에게 깊은 인상을 주거나, 사람들을 즐겁게 하거나, 자신의 목적을 추구하거나, 자신의 재능에 스포트라이트가 비추게 하거나, 자기 주장을 펼치기 위함이 아니다. 우리는 찬사를 받아야 할 주인공이 아니다. 우리는 사람들에게 예수님을 가리키기 위해 복음을 선포하는 존재들이다.

교회에서 유명한 목사와 설교자, 리더, 교사, 작가, 연사를 높이는 경우가 너무도 많다. 우리는 카리스마를 지닌 사람이나 재능이 뛰어난 사람, 매력적인 사람을 연사로 찾는 문화를 양산해왔다. 고린도전서에서 바울은 교인들이 저마다 바울이나 아볼로나 베드로에게 속했다며 다툼을 벌이는 것을 경고했다(고전 1:12). 안타깝게도 자기중심적이고 소셜 미디어가 큰 파급력을 갖는 시대에 예수님이 아닌 자신을 높이는 설교자들이 너무도 많다. 우리는 솔직하게 자문해보아야 한다. 얼마나 많은 사람이 나를 아는지에 더 관심이 있는가? 아니면 얼마나 많은 사람이 예수님을 아는지에 더 관심이 있는가? 바울은 자기중심적인 정신에 조금도 물들고 싶지 않았다. 그는 자신이 하는 모든 일이 그리스도 중심적인 마음가짐에서 비롯되기를 원했다. 그는 복음을 방해하거나 사람들이 복음에서 눈을 떼도록 만드는 일은 일체 하고 싶지 않았다. 그는 자신을 사람들을 섬기는 자로 보았다. 그리고 그들에게 가장 필요한 것, 곧 예수 그리스도의 복음을 전하기 위해 자신이 존재한다고 믿었다. 그가 자랑한 것이 있었다면 그것은 자신이 그리스도와 사람들의 종이라는 사실이었다(고후 4:5, 고전 9:19).

그렇다면 바울은 무엇을 전했는가? 적지 않은 사람들이 고린도후서 4장 5절을 복음의 요약으로 여겼다. "우리는…오직 그리스도 예수의 주 되신 것…을 전파함이라"(롬 10:9-10, 빌 2:9-11, 고전 12:3 참고). 그분은 "예수" 곧 세상의 구주시다. 그분은 "그리스도" 곧 십자가에 달려 돌아가신 메시야시다. 그분은 부활하여 다스리시는 "주"시다. 믿음과 회개로 그분께 항복하면 그분 안에서 자유와 용서를 얻는다. 이것이 우리가 선포하는 복음이다. 우리의 설교 사역과 리더십은 이 진리를 중심으로 이루어져야 한다. 우리는 "예수를 위하여…종"이 된 자들이다(고후 4:5). 우리는 복음을 전하기 위하여 사람들을 섬기며 산다. 서번트 리더로서 우리는 무엇을 섬기는지로 구별되어야 한다. 우리는 성경 텍스트의 충실한 강해를 통해 하나님의 말씀과 복된 소식을 전하는 자들이다.

결론

종이 되는 것은 쉽지 않다. 성가시고 귀찮을 때가 많으며, 언제나 개인적인 희생을 요구한다. 그러고도 대개 감사하다는 말을 듣지 못한다. 사역 리더가 되는 것도 여러 모로 어렵다. 이는 종과 리더의 역할을 합치면 두 배로 힘들 것을 각오해야 한다는 뜻이다. 그로 인해 우리는 설교할 때 서번트 리더십의 접근법을 꺼려할 수 있다. 강단이 절대적인 권위를 휘두를 수 있는 곳처럼 느껴지기 때문이다. 하지만 사실 성경 강해로 서번트 리더십을 선명하게 보여 줄 수 있다. 이것을 잘해내면 우리 사역의 다른 영역들에서 더 효과적인 리더십을 발휘할 수 있다. 더 중요한 사실은 성경 강해로 우리의 설교가 향상되어 더 많은 교인의 인생이 변하고 궁극적인 서번트 리더이신 예수님을 영화롭게 할 수 있다는 것이다.

우리 구주의 사역은 서번트 리더십이 어떤 것인지를 똑똑히 보여주었다. 서번트 리더십은 그분의 공적 사역에서 잘 드러나지만, 설교 사역에서도 분명하게 드러난다. 예수님은 서번트 리더로 하나님의 말씀을 선포함으로써 '누구'를 섬기는지 구별되셨다. 그분은 "내가 하늘에서 내려온 것은 내 뜻을 행하려 함이 아니요 나를 보내신 이의 뜻을 행하려 함이니라"라고 말씀하셨다(요 6:38). 특히 아버지께 들은 것을 말씀하고 가르치셨으며 "나는 항상 그가 기뻐하시는 일을 행"한다고 선포하셨다(요 8:29). 마찬가지로 왕의 뜻에 따라 그분의 백성들을 섬길 때 우리도 섬김의 리더십을 실천하고 우리가 섬기는 주인을 온전히 대표하게 된다.

예수님은 설교 사역에서 섬김을 보여주시며 서번트 리더로 구별되셨다. 복음서는 그분이 순회 사역에서 보여주신 마음을 담아내고 있다. "예수께서 모든 도시와 마을에 두루 다니사 그들의 회당에서 가르치시며 천국 복음을 전파하시며 모든 병과 모든 약한 것을 고치시니라 무리를 보시고 불쌍히 여기시니 이는 그들이 목자 없는 양과 같이 고생하며 기진함이라"(마 9:35-36). 예수님의 이 애정 어린 관심은 목자의 영적 지도와 영양 공급을 갈구하는 사람들을 알아보게 했다. 아마도 예수님이 연민을 느끼시며 하나님의 말씀을 전하고, 사람들은 그 말씀을 갈급히 찾았기 때문에, 그분의 눈에는 충성스러운 설교자들의 부재가 더 확실히 들어왔을 것이다. 우리가 예수님처럼 되기 위해서는 우리의 강해가 섬김의 방식으로 구별되어야 한다. 즉 우리는 강해할 때 애정 어린 관심과 잃은 자들을 위하는 마음으로 서번트 리더십을 발휘해야 한다.

마지막으로 예수님은 무엇을 섬기는지를 통해 서번트 리더로서 구별되셨다. 이 땅에서 그분의 사역은 설교로 시작되었다(마 4:17). 그분의 메시지는 곧 "복음"(막 1:14)과 "말씀"(막 2:2)이었다. 사역 초기부터 그분은 "율법이나 선지자를 폐하러…온 것이 아니요 완전하게 하려"고 오셨다는 점을 분명히 하셨다(마 5:17). 십자가에서의 죽음, 장사와 부활 후에는 "모세와 모든 선지자의 글로 시작하여 모든 성경에 쓴 바 자기에 관한 것을 자세히 설명"해주셨다(눅 24:27). 살아 있는 하나님의 말씀이신 그분은 하나님의 기록된 말씀을 충실하게 강해하고 "그 밖에 여러 가지로 권하여 백성에게 좋은 소식을 전하"셨다(눅 3:18). 동일한 특징들이 우리의 설교에서도 나타나야 한다. 우리는 하나님의 말씀과 그리스도 안에서 가능한 구원의 복된 소식을 충실하게 전하는 성경적 강해를 통해 서번트 리더십을 발휘해야 한다. 우리는 그런 리더십으로 구별되어야 한다.

결국 우리는 설교자나 목사, 리더가 이나라 "착하고 충성된 종"(마 25:21, 23)으로 칭찬받기를 기대하며 각자의 책임을 잘 감당해야 한다.

5장
강단에서의 상황적 리더십

"내가 또 내 마음에 합한 목자들을 너희에게 주리니 그들이 지식과 명철로 너희를 양육하리라"(렘 3:15).

사람들은 예기치 못한 인생의 상황들을 참 흥미롭게 묘사한다. 1970년 아폴로 13호의 비행사들은 폭발로 우주선이 작동하지 않자 나사(NASA) 본부에 "휴스턴, 문제가 생겼다!"라고 신호를 보냈다.[1] 그 후로 많은 사람이 예상치 못한 힘겨운 상황을 마주할 때 이 표현을 사용해왔다. 그밖에도 사람들은 돌발 상황이 발생하면 "꿈도 못 꿨던 일이야!", "난리 났네!" 등의 표현을 사용하기도 한다.

지교회들도 예상 못한 시련을 겪는 일에서 예외일 수 없으며, 수습이 필요한 난관과 고난에 부딪힌다. 그것은 공동체 안의 비극일 수도 있다. 교회 안에서 갈등이 벌어지기도 하고 국가나 세계적 차원의 위기가 찾아오기도 한다. 바로 그런 시기에 목사들은 설교를 통해 교인들을 잘 이끌어야 한다. 혼란이나 두려움, 환멸, 낙심에 빠져 있을 때 교인들은 산에서 들려오는 소리를 갈망한다. 그들은 소망의 닻을 단단히 내려줄 하나님의 진리를 들어야 한다. 목사로서 우리는 그들이 예기치 못한 상황을 성경의 렌즈를 통해 다루도록 도와야 한다. 당면한 상황의 이전, 도중, 그리고 이후에 하나님의 말씀을 충실히 강해하여 그들이 복음에 따라 반응하는 법을 알 수 있도록 도와야 한다.

위기가 닥치기 전에 교인들 이끌기

예기치 못한 상황 속에서 교인들을 잘 이끌기 위한 가장 중요한 방법은 위기가 닥칠 때까지 기다리지 않는 것이다. 목사들은 위기가 닥치고 나서야 상황을 어떻게 다루어야 할지 고민하는 실수를 저지르지 말아야 한다. 해결하기 힘든 상황이 일어나지 않도록 우리가 매번 막을 수는 없다. 하지만 교인들이 위기에 대비하도록 그들에게 필요한 지혜와 지식을 나누어줄 수는 있다. 설교를 통해 교인들을 준비시키기 위한 몇 가지 방안에 관해서 생각해보자.

복음의 렌즈로 바라보기

목사가 교인들에게 줄 수 있는 큰 선물 중 하나는 위기 상황을 포함한 인생에 관해 바르게 생각하는 능력을 심어주는 것이다. 이것은 기독교 세계관 혹은 복음의 세계관을 길러주는 것을 말한다. 교인들이 복음의 렌즈를 통해 삶의 모든 것을 바라보도록 가르치는 설교를 할 때 목사들은 상황적 리더십을 발휘한다. 사람들의 행동을 바꾸는 설교와 사고방식을 바꾸는 설교 중에서 꼭 하나만 선택해야 한다면 사고방식을 바꾸는 설교를 선택해야 한다. 왜일까? "사람에게 물고기를 주면 하루는 먹고 살 수 있지만 물고기를 잡는 법을 가르쳐주면 평생 먹고 살 수 있다"[2]라는 옛 격언을 생각해보

라. 교인들의 행동을 올바로 이끌기 위해 해야 할 일과 하지 말아야 할 일의 목록을 제시한다면 당면한 상황에서만 도움이 될 뿐이다. 하지만 복음의 렌즈를 통해 상황을 보는 법을 가르쳐주면 평생 모든 상황을 헤쳐나갈 힘을 길러주는 것이다. 다음의 두 가지 지시를 따르면 우리의 설교를 통해 여러 가지 방식으로 교인들이 성경적 세계관을 가지게 될 것이다.

첫째, 복음을 전하라. 복음을 가르치기 위한 최선의 방법은 복음을 전하는 것이다. 교인들이 복음주의 교회의 교인이라는 이유만으로 당연히 복음을 알고 분명하게 설명할 수 있으리라고 가정하지 마라. 그렉 길버트(Greg Gilbert)는 "복음이 혼란의 안개에 둘러싸여 있다"라고 탄식한다.[3] 그는 "스스로 복음주의 그리스도인이라고 말하는 사람 백 명에게 예수님의 복음이 무엇인지 물어보면 약 60개의 다른 대답을 들을 것이다"라고 주장한다.[4] 이런 혼란을 없애기 위해 최소한 우리가 설교하는 모든 텍스트에서 복음을 강조해야 한다. 왜냐하면 그리스도는 모든 성경의 주제시기 때문이다. 또 복음의 교리들에 관한 설교나 설교 시리즈를 주기적으로 전하면서 교인들이 그런 교리를 알고 분명히 말할 수 있는지를 점검하는 방법도 고려해야 한다. 예를 들어, 가끔 복음에 관한 질문을 던지고서 교인들에게 답하게 하거나, 온라인 설문 조사나 간단한 테스트를 하는 링크를 보내거나, 복음에 관한 대화를 하도록 훈련하는 기회를 제공할 수 있다.

둘째, 복음을 삶에 적용하게 하라. 복음을 전할 때 교인들이 복음의 렌즈로 보아야 할 삶의 구체적인 상황을 찾고, 복음으로 삶을 해석하고 헤쳐나갈 기준을 가지게 하라. 사도들의 글에는 인생의 모든 삶을 복음의 렌즈로 볼 것으로 촉구하는 부분이 많다. 그들은 돈을 어떻게 다루어야 할지(고후 8:9), 가해를 당했을 때 어떻게 반응해야 할지(엡 4:32), 배우자, 부모, 고용주에게 어떻게 접근할지(엡 5:22-27, 6:1, 5-9), 겸손을 발휘하여 어떻게 연합해야 할지(빌 2:5-8), 고난을 어떻게 바라볼지(벧전 2:21-25) 등 실질적인 문제들을 다루었다. 우리는 신자들의 삶 구석구석에 복음을 적용할 방법들을 찾아주어야 한다.

성경 속에서 모든 신자에게 적용할 수 있는 이슈들 외에 당신의 교인들이 처한 특정한 상황과 관련된 이슈들을 찾으라. 예를 들어, 복음은 교인들이 공중 보건 가이드라인에 어떻게 반응해야 하는지, 교회는 사회 정의에 어떻게 접근해야 하는지, 그리스도인 학생들은 남녀 관계를 어떻게 다루어야 하는지, 연로한 교인들의 은퇴 이후는 어때야 하는지 어떻게 알려주는가? 이런 이슈들이 성경 텍스트의 주요 주제가 아니라면 설교의 주요 주제로 삼을 필요는 없다. 하지만 그것들을 사례와 적용의 용도로 다룰 수는 있다. 목사들은 신자들의 삶 속에 포진한 모든 것을 복음의 렌즈로 해석하고 접근해야 하며, 설교를 통해 교인들이 말씀을 적용할 수 있도록 도와야 한다.

셋째, 복음으로 마무리하라. 많은 설교가 몇 가지 이유로 인해 복음이 중심되지 않는다. 한 가지 이유는 대부분의 성경이 하나님의 공동체에 속했다고 여겨지는 사람들을 위해 쓰였기 때문이다. 또 다른 이유는 참된 교회가 본질적으로나 정의적으로 거듭난 사람들의 공동체로 구성되었기 때문이다. 하지만 하나님의 백성들이 모인 자리에는 불신자들이 일부 섞일 수 있다(고전 14:23-25 참고). 이런 이유로 모든 목사는 설교할 때마다 복음을 나누고 잃은 자들에게 복음을 받아들이라고 강권해야 한다. 설교 초반에 그렇게 할 수도 있지만, 목사는 어떤 식으로든 복음을 전하지 않고서는 설교를 마치지 않는 습관을 길러야 한다. 그렇게 하면 불신자들이 구원받을 기회를 얻을 뿐 아니라 그 자리에 있는 신자들의 마음속에도 복음이 더 깊이 들어간다.

교리적 이해

복음이 성경 전체의 이야기라면 복음적 성향은 성경 전체에 스며든 신앙의 위대한 교리들을 통해 형성된 시각이다. 옳은 행동은 언제나 옳은 생각에서 비롯되고, 옳은 생각은 언제나 옳은 교리에서 나온다. 따라서 강한 교리적 확신을 기르는 것이 복음의 시각을 기르는 데 중요한 요소다. 바울은 "내가 힘써 너희로 하여금 내가 떠난 후에라도 어느 때나 이런 것을 생각나게 하려 하노라"(벧후 1:15)라는 구절에서 신앙을 위협하는 상황이 찾아올 때 꺼내서 휘두를 수 있도록 복음의 진리로 신자들을 무장시키려는 결심을 말하고 있다. 따라서 목사들은 교인들이 성경의 교리를 알도록 전략적으로 이끌어야 한다. 교인들이 예기치 못한 상황을 포함해서 삶의 모든 면면에 교리로 접근하도록 도와야 한다.

교인들이 성경의 교리를 알면 복음을 통해 삶을 해석하고 헤쳐 나갈 뿐 아니라, 기독교를 공격하는 문화 속에서 믿음의 옹호자가 될 수 있다. 유다는 이렇게 말했다. "사랑하는 자들아 우리가 일반으로 받은 구원에 관하여 내가 너희에게 편지하려는 생각이 간절하던 차에 성도에게 단번에 주신 믿음의 도를 위하여 힘써 싸우라는 편지로 너희를 권하여야 할 필요를 느꼈노니"(유 1:3). 죄의 결과로 미쳐 돌아가는 세상 속에서 그리스도의 제자들은 기독교 신앙을 공격하고 성경적 확신을 문제 삼는 상황에 점점 더 많이 노출될 것이다. 따라서 목사들은 교인들이 자신에게 주어진 신앙을 힘써 싸워 지키게 해야 한다.

신자나 불신자나 예기치 못한 사건을 직면하고, 신자가 믿는다는 이유로 공격을 당하는 상황도 있다. 이렇듯 삶 속에는 하나님의 자녀들이 기독교 교리로 뚫고 갈 준비를 해야 하는 사건과 사고가 가득하다. 목사들은 그 교리를 다음과 같이 몇 가지 방식으로 교인들에게 가르쳐야 한다.

첫째, 매주 체계적인 강해 가운데 드러나는 신앙의 위대한 교리들에 관심을 가지라. 현재 짜놓은 설교 계획을 버리고 교리를 가르칠 필요는 없다. 단지 연구 중인 구절에서 신학적인 목적을 살피고, 그 목적에 영향을 주거나 그로부터 비롯된 교리를 규명하라. 교리적 요소가 항상 텍스트의 핵심은 아니지만 그런 요소가 있는지, 있다면 우리 교인들에게 무슨 의미가 있는지에 관심을 기울여야 한다.

둘째, 신앙의 위대한 교리 중 하나에 주된 초점을 맞춘 텍스트로 설교나 설교 시리즈를 주기적으로 전하라. 특정한 교리를 가르치기 위해 강해 설교를 포기할 필요는 없다. 단지 신앙의 위대한 교리 중 하나를 집중적으로 다루는 성경 텍스트를 찾으면 된다. 예를 들어, 로마서 8장에서 나타난 고난의 교리나 고린도후서 8-9장에 나타난 기독교 청지기 정신의 교리, 시편 19편에 나타난 성경의 교리에 관해서 설교 시리즈를 전할 수 있다. 각 구절을 강해하면서 같은 교리를 다루는 핵심 텍스트들을 보조 자료로 사용할 수 있다.

셋째, 가끔씩 신앙의 위대한 교리들을 주제별로(혹은 체계적으로) 전하고, 여러 성경 구절로 각 요점을 뒷받침하라. 주제 설교를 경계하는 어느 강해 설교자의 말을 다들 들어본 적이 있을 것이다. "5년에 한 번씩만 주제 설교를 전하고 그 즉시 회개하라!"[5] 이런 걱정을 충분히 이해하지만 때로 교리 설교는 예외로 해야 한다. 우리 모두가 좋은 조직적·성경적 신학의 도움을 받은 적이 있듯이, 교인들이 한 가지 성경 교리에 관한 주제 설교를 들으면 해당 주제에 관해서 성경 전체를 살펴보는 데 도움이 된다.[6] 성경 전체에서 언약, 구속, 재창조 같은 특정한 교리적 주제를 찾아보면 교인들의 신학적 무기고가 더욱 알차게 채워질 수 있다.

선교적 결단

예수 그리스도를 믿는 모든 신자는 같은 목적을 위해 이 땅에

남아 있다. 그 목적은 "가서 모든 민족을 제자로 삼아 아버지와 아들과 성령의 이름으로 세례를 베풀고 내가(그리스도가) 너희에게 분부한 모든 것을 가르쳐 지키게" 하는 것이다(마 28:19-20). 각자의 직업이나 영적 은사와 상관없이 우리는 다 이 인생의 목적을 공유하고 있다. 우리가 생계를 꾸리는 방법은 수만 가지지만 궁극적인 임무는 하나다. 우리가 다니는 교회의 임무나 비전 진술서는 각양각색이지만 저마다 한 가지 주된 임무를 받았다. 우리는 이 임무를 위해 우리 삶과 사역의 모든 것을 사용해야 한다.

예수님의 모든 제자에게는 분명하고도 특별한 임무가 있으며, 예상했든 그러지 못했든 인생의 모든 상황을 이 사명의 관점에서 바라보아야 한다. 신자들은 모든 삶의 내용을 지상대명령의 관점에서 접근하기로 결단해야 한다. 여기에는 사도 바울이 빌립보의 한 감옥에 갇혔던 때와 같이 예기치 못한 위기 상황도 포함된다. 감옥에서 바울은 이렇게 썼다.

> 형제들아 내가 당한 일이 도리어 복음 전파에 진전이 된 줄을 너희가 알기를 원하노라 이러므로 나의 매임이 그리스도 안에서 모든 시위대 안과 그 밖의 모든 사람에게 나타났으니 형제 중 다수가 나의 매임으로 말미암아 주 안에서 신뢰함으로 겁 없이 하나님의 말씀을 더욱 담대히 전하게 되었느니라(빌 1:12-14).

그리스도인들은 예상한 상황과 예기치 못한 상황을 복음 전도의 걸림돌이나 기회로 보아야 한다. 이런 시각을 확보하는 것은 단순히 기독교 세계관을 기르고 그에 따라 사는 것과는 또 다른 측면이다. 목사들은 설교할 때 교인들의 마음속에 복음 전도의 마음가짐을 심어주기 위한 작은 기회를 놓치지 말아야 한다. 설교 시간에 교인들의 마음속에 선교의 결단을 불어넣기 위한 몇 가지 방법을 제시한다.

첫째, 성경이 복음 전도를 강조한다는 사실을 교인들에게 가르치라. 복음이 성경의 주된 이야기라면 복음 전도는 그 이야기를 보완하는 내러티브다. 창세기에서 요한계시록까지 성경의 모든 페이지는 지상대명령이라는 실로 엮여 있다. 구약에서 하나님은 아브라함을 선택하시고 그가 고향을 떠나 열국의 아비가 될 곳으로 가게 하셨다. 아브라함은 그곳에서 복을 받고 세상 모든 사람을 위한 복이 되었다(창 12:1-3). 시편 기자는 하나님의 구원과 권능이 온 세상에 알려지면 열국이 기뻐할 것이라고 말한다(시 67). 요엘은 하나님이 그분의 자녀들에게 그분의 영을 부어 그분에 관한 예언을 하게 할 것이라고 예언했다(욜 2:28-29). 하나님은 요나를 니느웨로 보내셔서 그곳 사람들에게 회개를 촉구하고 구원을 선포하게 하셨다(욘 1:1-2, 3:1-5).

신약에서 사복음서와 사도행전은 예수님이 제자들에게 세상 끝까지 복음을 가져가라고 명령하시는 장면을 기록하고 있다(마 28:18-20, 막 16:14-16, 눅 24:44-49, 요 20:19-23, 행 1:8). 오순절에 교회가 탄생하자 베드로는 하나님의 자녀들이 그분에 관해서 증언할 것이라는 요엘의 예언이 이루어졌다고 선포했다(행 2). 성령은 열방에 선교사들을 보내도록 안디옥교회 교인들의 마음을 움직이셨다(행 13:1-3). 사도 바울은 자신이 복음을 이방인들에게 전하는 사명을 하나님께 받았다고 로마 교인들에게 여러 번 말했다(롬 15). 요한계시록의 두 증인은 세상의 적대적인 반발 속에서 이루어지는 교회의 선포를 의미한다(계 11:1-13). 성경은 그리스도의 신부가 모든 사람에게 예수님께 나아와 구원을 받으라고 초대하는 장면으로 막을 내린다(계 22:17). 이것은 신자들이 배워야 할 성경의 선교적 내러티브의 몇 가지 예일 뿐이다. 이것을 배울 때 신자들은 그들 "속에 있는 소망에 관한 이유를 묻는 자에게는 대답할 것을 항상 준비"한 상태에서 삶의 모든 상황을 뛰어넘을 수 있다(벧전 3:15).

둘째, 선교와 관련된 텍스트를 바탕으로 한 설교를 주기적으로 하라. 위에서 언급한 텍스트들 외에도 성경에는 지상대명령을 수행할 신자들의 책임에 초점을 맞춘 구절이 많다. 구약의 요나서, 신약의 사도행전과 히브리서 같은 책들을 토대로 하나님 백성들의 선교 사명에 초점을 맞춘 책 시리즈를 개발해보는 것도 좋다. 마태복음 9장 35-38절, 누가복음 9장 51절-10장 12절, 고린도후서 5장 11-21절과 같은 텍스트를 사용하여 설교나 설교 시리즈를 전해도 좋다. 그렇게 하면 교인들이 심지어 전도와 전혀 상관이 없어 보이는 상황에서도 늘 전도의 사명을 의식하며 살아갈 수 있다.

셋째, 당신이 설교하는 모든 본문에서 선교적 강조점을 찾으라. 당신이 설교하는 모든 텍스트에서 교리적 주제 및 그리스도와의 연관성을 찾는 것과 비슷하게, 선교 사명이 텍스트의 주된 주제는 아니더라도 이와 관련된 요소가 하나라도 있는지 유심히 살펴보라. 해당 텍스트에 지상대명령을 억지로 끼워 넣지는 말아야 하지만, 성경에는 복음과 함께 선교의 요소가 자주 나타나기 때문에 강단에서 교회의 선교 사명을 강조할 기회가 많다. 설교 중에 하나님의 사명을 강조하고 교인들에게 모든 상황 속에서 이 사명에 따라 살라고 권면할 기회를 단 하나도 놓치지 않고자 노력하라.

넷째, 성경 속에서 하나님의 백성들이 선교 사명을 수행하며 난관을 극복한 이야기를 주기적으로 설교하라. 예를 들어, 우리는 사도행전 6장 1-7절을 교회 안에서 갈등을 다루는 법, 공동 사역의 필요성, 집사 직분이 생겨난 역사적 근거에 관한 가르침으로 해석하곤 한다. 하지만 이 내러티브를 유심히 들여다보면 이런 요소는 단순히 제자를 증식하는 교회의 선교 사명에 대한 상황적인 걸림돌일 뿐이다. 결국 교회의 선교 사명은 이 구절의 처음과 끝을 장식하는 주제다(행 6:1, 7). 이처럼 복음 전도를 위한 신자들의 노력이 위기에 봉착했던 상황에 관한 구절들을 찾아보라(예를 들어, 막 1:35-39, 행 3:1-4:31, 8:1-40, 고후 -6:1-13, 빌 1:12-18).

어려운 상황이 닥칠 때 교인들을 이끄는 법

목사가 전략적 리더십을 발휘해야 하지만 전략을 짤 시간이 별로 없는 때도 있다. 인생은 계획대로 되지 않으니 전략적 리더십도 계획대로만 이루어질 수는 없다. 따라서 목사는 교인들이 위기 상황을 돌파할 수 있도록 미리 준비시키기도 해야 하지만, 그런 상황이 현실이 될 때 그들을 이끌 준비를 하고 있어야 한다. 지역적·국가적·세계적으로 아무런 예고 없이 큰 사건이 터질 수 있다. 그럴 때 리더십을 발휘하려면 눈앞의 위기 상황을 통해 하나님이 하시려는 말씀을 분별한 뒤에 그 메시지를 교인들에게 담대히 연민을 담아 선포해야 한다.

하나님과의 상의

예기치 못한 상황이 발생할 때 목사의 리더십 과제 중 첫 번째이자 가장 중요한 과제는 언제나 목자이신 하나님께 상의하는 것이다. 우리는 하나님 앞으로 나아가 그분의 양 떼를 이끌기 위한 그분의 지혜와 인도하심을 구해야 한다. 앞서 2장에서 우리는 설교자가 기도로 성령님을 만나는 일이 절대적으로 필요하다고 이미 강조했다. 그리고 모든 장의 이면에 흐르는 주제 중 하나는 우리의 설교가 하나님이 실제로 하신 말씀 중심으로 이루어져야 한다는 것이다. 이것이 바로 강해의 핵심이다. 목사가 교인들에게 드러낼 수 있는 가장 전략적인 리더십은 하나님이 하고 계신 말씀을 분별하여 스스로 받아들이고, 사람들에게 강해해주는 것이다. 교인들의 삶에 아무도 예상하지 못한 상황이 닥치고, 낙심과 두려움을 자아내는 위기가 찾아오면 목사는 더욱더 긴박하고 막중하게 하나님의 도우심을 구한다. 교인들이 위기에 처했을 때보다 "하나님으로부터 나와서 우리에게 지혜"가 되신 예수님이 더 필요한 때도 없다(고전 1:30).

예레미야 시대에 하나님의 백성들은 위기 속에 있었다. 남 유다의 마지막 의로운 왕인 요시야가 죽고 나서 유다는 하나님을 완전히 버리고 우상들을 마구 받아들였다(렘 7:30-34, 16:10-13, 22:9, 32:29, 44:2-3). 하나님의 자비는 바닥이 났고 그분의 심판이 다가오고 있었다. 바벨론의 느부갓네살 왕은 곧 유다를 정복하고 유다 백성들을 노예로 끌고 갔다(렘 24:1). 이 위기에 그들에게는 하나님의 음성이 절실히 필요했다. 회개를 촉구하시는 음성과 미래의 소망을 전해주시는 음성이 함께 필요했다. 하지만 유다의 선지자들은 하나님의 백성들을 목회하는 일을 감당하는 대신, 목자의 옷을 양의 옷으로 바꾸어 입고 하나님의 양 떼 사이에서 흉포한 늑대들이 되었다. 그로 인해 그들은 하나님께 심한 꾸지람을 받았다(렘 23:9-40 참고).

그들의 죄는 정확히 무엇이었을까? 먼저 전능하신 하나님은 회개의 메시지를 전하지 않은 수치스러운 목자들을 질책하셨다. "악을 행하는 자의 손을 강하게 하여 사람으로 그 악에서 돌이킴이 없게 하였은즉"(렘 23:14). 또 하나님은 "헛된 것…자기 마음으로 말미암은 것"을 백성들에게 가르치고(렘 23:16), 자기 마음대로 해도 심판이 임하지 않는다고 가르친(렘 23:17) 것으로 인해 그들을 꾸짖으셨다. 하나님은 그들이 자신의 비전을 선포하고, 자신의 "꿈"을 그분의 말씀인 양 말한 것을 꾸짖으셨다. 이는 겨가 알곡이라고 말하는 것만큼이나 황당한 짓이었다(렘 23:25-28, 32). 오직 하나님의 말씀만 불같이 태우고 방망이같이 부수는 힘을 발휘할 수 있다(렘 23:29). 또한 하나님은 이 선지자들을 "서로 내 말을 도둑질하는" 죄

초의 표절 설교자들로 부르면서 꾸짖으셨다(렘 23:30). 하나님은 심지어 그분의 말씀을 먼저 찾아보지도 않고 "여호와가 말씀하셨다"라고 함부로 말하는 이들을 호되게 꾸짖으셨다(렘 23:31 참고).

예레미야 시대 유대 선지자들의 그릇된 행태에서 현대 설교자들을 향한 수많은 경고의 메시지를 찾을 수 있다. 사람들이 듣기 원하는 말로 그들의 귀를 즐겁게 하지 마라. 하나님의 심판이라는 현실에 관해서 침묵하지 마라. 하나님의 말씀 대신 자신의 비전과 꿈을 선포하지 마라. 서로의 설교를 표절하지 마라. 하나님이 실제로 하시지 않은 말씀을 하셨다고 말하지 마라. 물론 이 외에도 더 많다. 하지만 특별히 한 가지 잘못이 두드러진다. 이 선지자들의 모든 죄는 한 가지 중요한 의무를 소홀히 한 것에 뿌리를 둔다. 바로 하나님께 상의하지 않은 것이다. 하나님은 이렇게 말씀하셨다. "그들이 만일 나의 회의에 참여하였더라면 내 백성에게 내 말을 들려서 그들을 악한 길과 악한 행위에서 돌이키게 하였으리라."(렘 23:22, 18, 21, 28 참고) 하지만 그들은 "거짓과 헛된 자만으로 내(그분의) 백성을 미혹하게" 하였다. 그래서 하나님은 이렇게 말씀하셨다. "내가 그들을 보내지 아니하였으며 명령하지 아니하였나니 그들은 이 백성에게 아무 유익이 없느니라 여호와의 말씀이니라"(렘 23:32).

그들은 하나님의 선지자임을 자처하며 온갖 설교를 전했지만, 애초에 하나님 앞으로 간 적이 없기 때문에 그분의 음성을 들은 적이 없었다. 원래 그들은 하나님의 대변인이 되어 그분이 밝혀주신 것을 백성들에게 전해야 했다. 국가의 위기 속에서 하나님의 말씀만이 백성들을 파괴적인 악에서 그분이 원하시는 의로운 선으로 돌아서게 할 수 있었다. 이 선지자들은 뛰어난 화술로 백성들에게 다가갔지만, 하나님께 상의한 적이 없었기에 아무런 소망의 메시지도 가지고 있지 않았다. 그들은 애초에 산에 간 적이 없었기에 산에서 들려온 말씀을 백성들에게 전할 수 없었다.

    목사들이여, 위기가 교회의 문턱에 나타나거든 도망치거나 무시하지 마라. 하지만 동시에 성급하게 그 위기 속으로 뛰어들어 자신의 노하우와 지혜와 경험으로 헤쳐나가려고 하지 마라. 교인들은 하나님의 음성을 들어야 한다. 그리고 교인들은 목사가 하나님의 무한한 지혜를 얻기 위해 그분과 함께하는 시간을 보냈는지 알기를 원한다. 위기의 한복판에서 교인들은 진리를 들어야 한다. 다시 말해, 회개를 촉구하는 불편한 메시지나 소망을 전해주는 격려의 메시지를 들어야 한다. 목사가 지극히 높으신 하나님과 상의했다면 그들은 무엇이든 그 순간에 필요한 메시지를 받아들일 가능성이 높다. 따라서 목사는 설교하기 위해 교인들 앞에 서기 전에 하나님 앞에 무릎을 꿇고 전능하신 상담자와 상담해야 한다. 그분의 음성을 듣기 위해 그분의 말씀에 파묻히라. 교인들을 어디로 데려가야 할지, 그들에게 무슨 말씀을 하기 원하시는지, 당신이 그들을 어떻게 이끌기 원하시는지 알 지혜를 달라고 간구하라. 사람들은 하나님의 임재 안에서 거한 하나님의 사람을 멀리서도 한눈에 알아본다. 하나님과 오랫동안 함께 있으면 말과 권면이 차분하고 부드러워져서, 혼란 중에 있는 교인들을 달래주는 연고와 같아진다. 반면, 먼저 전지전능하신 하나님의 얼굴과 음성을 구하지 않고 강단에서 상황적 리더십을 발휘하려고 하면 아무 소용이 없고 심지어 위험하기까지 하다.

선지자적 해석

은밀한 곳에서 하나님과 상의한 뒤에는 그분이 주신 지혜를 통해 현재 상황을 해석해야 한다. 그러고 나서 교인들에게 그 메시지를 선지자적으로 전달해야 한다. 미리 계획한 강해와 교리 설교를 꾸준히 하는 것도 중요하지만, 예기치 못한 위기나 사건에 관한 하나님의 메시지를 시의적절하게 전하기 위해 그런 설교를 잠시 보류할 필요가 있다. 때로 목사들은 눈앞에 닥친 상황에 관해 하나님의 말씀으로 교인들을 이끌어야 한다.

어떤 사건이 모든 사람의 마음속에서 강하게 맴돌 때 특히 선지자적 해석이 필요하다. 다시 말해, 주일에 모두가 같은 사건을 떠올리며 교회에 오는 경우가 그렇다. 그 사건은 지구 전체에 영향을 미치는 공중 보건의 위기, 국가에 영향을 미치는 낙태 같은 문제에 관한 대법원 결정, 전 국민을 충격의 도가니에 빠뜨린 총기 난사 사건, 교회를 분열시킨 최근의 결정 등일 수 있다. 이런 종류의 예기치 못한 사건이 발생하면 온 교회의 이목이 거기로 쏠린다. 그럴 때 연민과 분별력이 있는 목사들은 설교 일정을 바꿔, 고통과 혼란에 빠진 마음을 향해 하나님의 말씀을 선지자적이고 구체적으로 선포하기를 망설이지 말아야 한다.

예기치 못한 사건이 발생할 때 우리 자신에게 경험과 전문성이 없다고 말해봐야 나아지는 것이 없다. 사람들에게 필요한 것은 그런 공허한 말이 아니다. 심지어 그 시기만큼은 그들이 진행 중이었던 강해 시리즈의 다음 구절을 듣는 것조차 중요하지 않을 수 있다. 그보다는 전능자 하나님만이 무한한 지혜와 치유의 연고로 그들을 어루만지시고 그들의 삶을 향해 선지자적으로 하시는 말씀이 필요하다. 우리 안의 강해 설교자는 계획대로 설교 시리즈를 진행하고 싶어 하지만, 우리 안의 선지자는 당면한 위기를 신학적으로 해석하고 산에서 전해지는 말씀을 사람들에게 전해주어야 한다.

교인들의 현재 상황에 관한 하나님의 말씀을 선지자적으로 전하려면 3장에서 논한 전략적 리더십을 위한 방법을 그대로 따르면 된다. 항상 하나님이 눈앞의 위기나 상황에 관해서 성경에서 직접 말씀하고 계신지를 확인하면서 시작하라. 하나님의 백성들은 그분의 언약 공동체로 성장하고 그분의 사명을 이루어가는 과정에서 가뭄과 역병, 거부와 핍박, 반대와 전쟁, 질병과 죽음을 비롯한 온갖 난관에 부딪혔다. 그러므로 하나님이 성경에서 이 상황을 직접 다루셨는지 질문을 던지고 답하면서 시작하라. 이 질문으로 시작했다면 선지자적 사역의 첫 부분은 이미 완성된 셈이다. 그리고 해당 구절을 찾아 그 배경 속에서 해석한 뒤에 그 본문으로 설교를 준비하라. 본문 안의 진리를 눈앞의 상황에 신중하게 적용하며 충실히 강해하여 교인들에게 도전하라.

하지만 성경에서 현재 상황을 직접 다루지 않았다면 연구 순서를 바꾸어 성경 연구와 설교 준비를 위한 '주제-신학-텍스트'의 접근법을 사용하라. 다시 말해, 현재 상황에서 시작하여 성경으로 돌아가라. 단, 순수한 동기로 하나님의 지혜를 찾도록 계속해서 자신을 돌아보라. 현재 상황의 이면에 놓인 신학적 의미를 판단하면서 시작하라. 인간의 부패가 어떻게 이 상황을 만들었는지, 또는 이 상황에 어떤 영향을 미쳤는지 질문을 던지라. 그리스도인들이 이 상황에 어떻게 반응하면 그리스도 안에 있는 하나님의 형상을 드러낼 수 있을까? 어떻게 이 상황을 복음 전파를 위한 기회로 전환할 수 있을까? 하나님, 인간, 복음에 관한 성경의 가르침과 관련된 질문들을 더 생각해내라.

당면한 상황과 관련된 신학적 이슈들을 규명한 다음에는, 그런 신학적 의미들이 하나 이상 포함된 성경 구절을 찾으라. 규명한 교리나 교리들에 관해서 직접 언급하는 한 구절을 찾으라. 현재 상황과 관련된 신학적 이슈들을 중점적으로 다루는 한 구절을 찾으라. 그 구절을 찾은 다음에는 평소 사용하는 방식에 따라 그 구절을 객관적으로 해석하라. 전략적 프로그램을 짜는 과정과 마찬가지로, 텍스트에서 성령이 처음 의도하신 바를 해석하는 데 성경 외적인 상황이 영향을 미치지 않도록 하라. 해석이 해당 구절의 핵심 개념에 기초해야 한다는 점을 잊지 마라.

텍스트의 바른 의미를 얻은 뒤에는 그 텍스트가 현재 상황 가운데 의미하는 바를 파악하기 위해 시대를 초월한 원칙을 찾으라. 기억하는가? 텍스트의 의미가 성경 속 시대나 지금이나 똑같은 경우가 있다. 하지만 오늘날의 상황에 맞는 원칙으로 전환해야 할 때도 있다. 해당 구절에서 원칙을 규명한 뒤에는 그 원칙이 자신이 선지자적으로 다루려는 현재 상황과 어떻게 연결되는지를 파악하라. 텍스트의 원칙과 직면한 상황 사이의 관계에 관해 고민하라. 교인들이 그 상황을 생산적이고 하나님이 기뻐하시는 방식으로 이해하고 헤쳐나가기 위해서 해당 구절의 신학을 어떻게 적용해야 할지 고민하라. 텍스트에서 성령이 의도하신 내용을 현재 상황에 어떻게 적용해야 할지 고민하라. 해당 구절에 담긴 시대를 초월한 진리를 현재 상황에서 어떻게 증명해 보일지 고민하라.

이제 성경의 원칙을 전할 준비가 되었다. 그 진리를 현재 상황에 분명하고도 신중하게 적용하라. 제대로 해석하고 이해한 하나님의 말씀을 분투 중인 교인들의 삶에 연민과 확신으로 적용하라. 명심하라. 현재 상황에 관해서 전하고 성경의 텍스트를 그 상황에 억지로 끼워 넣으려고 하지 마라. 텍스트에 담긴 하나님이 의도하신 의미를 전하고 그것을 순수한 동기로 상황에 적용하라. 이것이 교인들의 삶 속에 선지자적인 말, 즉 하나님과의 회의에서 받아낸 말을 선포하는 유일한 길이다. 오직 이것만이 믿을 만한 말이요, 교인들로 하여금 하나님의 음성을 듣고 눈앞의 거친 파도를 올바로 이해하고 놀파할 수 있게 해주기에 충분한 말이다.

힘든 상황이 지나간 뒤에 교인들을 이끄는 법

목자의 리더십 역할은 위기 상황이 지나간 뒤에도 끝나지 않는다. 목사에게는 교인들의 믿음을 더욱 강하게 만들고 그들이 미래에 어려운 상황을 헤쳐나가도록 준비시킬 책임과 기회가 있다. 방법은 간단하다. 교인들이 미래에 비슷한 상황에서 하나님의 음성을 기억할 수 있도록 과거의 위기 상황들을 주기적으로 상기시켜 주면 된다.

반복해서 기억하기

사람들이 무언가를 안다고(심지어 그것을 개인적으로 경험했다고) 해서 나중에 그것을 꼭 기억하리라 장담할 수는 없다. 유다는 "너희가 본래 모든 사실을 알고 있으나 내가 너희로 다시 생각나게 하고자 하노라 주께서 백성을 애굽에서 구원하여 내시고 후에 믿지 아니하는 자들을 멸하셨으며"라고 말한다(유 1:5). 어떻게 이런 일이 일어날 수 있는가? 어떻게 모든 사실을 알고도 나중에 생각나지 않을 수가 있을까? 그것은 우리가 거하는 육신의 타락한 본성 때문이다. 우리의 몸과 마음은 중요한 것을 너무도 잘 잊어버린다. 하나님의 음성을 듣고 그분과의 회의 덕분에 거친 파도를 헤쳐 왔으면서도 나중에 비슷한 상황이 닥치면 그분의 은혜를 기억하지 못한다.

실례로 유다는 예수님이 사람들을 애굽에서 구해내신 뒤에 나중에 믿지 않는 자들을 멸하신 이야기를 언급한다. 하나님은 그분의 자녀를 종살이에서 건지신 뒤에 시내산에서 그분의 법을 주셨다(출 20). 하지만 몇 십 년 뒤, 요단강 둑에서 모세는 백성들에게 약속의 땅을 얻은 뒤에 하나님의 율법을 잊지 말고 기억하라고 촉구하고자 무려 책 한 권에 맞먹는 설교를 해야만 했다. 신명기에서는 "기억한다"라는 단어가 14번이나 사용되고, "잊는다"라는 단어는 10번 사용된다. 모세는 사람에게 배우고 경험한 것을 잊어버리는 성향이 있다는 것을 알았다. 구약의 나머지 부분에서도 같은 성향에 관한 가정이 밑바탕에 깔려 있다. 역대상·하는 사무엘상·하와 열왕기상·하에서 전한 이야기 중 상당수를 반복하여 전하고 있다. 시편 기자는 하나님의 속성과 역사를 몇 번이나 반복해서 말하며, 선지자들은 대부분의 글에서 율법과 심판, 용서 같은 주제들을 반복적으로 다루고 있다.[7]

신약도 전혀 다르지 않다. 성령은 복음서의 이야기를 네 번 쓰셨는데 처음 세 권은 예수님의 삶과 사역, 가르침에 관한 동일한 이야기들 중 상당수를 단지 다른 시각으로 풀어냈을 뿐이다. 심지어 예수님도 동일한 설교와 비유, 구체적인 실례의 일부를 여러 번 다시 사용하시며 진리를 반복적으로 전하셨다. 어쩌면 그것은 청중이 달랐기 때문일 수도 있지만, 청중이 자주 잊어버린다는 것을 아셨기 때문일 수도 있다. 우리가 중요한 것들을 기억하기 위해 도움이 필요하다는 점을 성경이 그 자체로 증거하는 듯하다.[8]

하나님의 자비는 날마다 새롭지만 그분의 지혜와 신실하심은 재사용할 수 있다. 하나님은 그분의 자녀들에게 가르쳐주신 교훈이나 그들을 지켜주신 경험이 단 하나도 망각의 늪에 버려지기를 원치 않으신다. 하나님은 그들이 나중에 만날 상황에서 그분의 끝

없는 인자, 신실하심, 가르침을 기억하고 적용하기를 원하신다. 하지만 우리가 과거에 경험한 그분의 은혜를 기억하고 되새기지 않으면 나중에 비슷한 난관을 만날 때 그것을 사용할 수 없다.

과거의 은혜를 상기시키기

하나님의 부목자들은 그분의 백성들이 삶 속에 증명된 은혜를 기억하도록 돕기 위해 사용되는 주된 도구다. 백성들이 하나님의 도우심으로 힘든 상황을 이겨낸 일을 상기시키는 사역은 목사의 강단 리더십 가운데 중요한 일부분이다. 우리는 교인들이 성경 속의 역사뿐 아니라 지교회의 역사를 기억하도록 도와야 한다. 이 일은 그들이 미래의 역사를 해석하고 다룰 수 있도록 막대한 투자를 하는 것이다.

성경에는 받은 은혜를 상기시키는 사역을 했던 훌륭한 본보기들이 있다. 앞서 언급한 성경의 반복적인 특성 외에도, 신약의 중요한 두 성경 기자에게서 그 모습을 발견할 수 있다. 사도 바울은 같은 내용을 반복하는 것을 서슴지 않았다. 그는 로마 교인들에게 이렇게 썼다. "그러나 내가 너희로 다시 생각나게 하려고 하나님께서 내게 주신 은혜로 말미암아 더욱 담대히 대략 너희에게 썼노니"(롬 15:15). 빌립보 교인들에게는 "너희에게 같은 말을 쓰는 것이 내게는 수고로움이 없고 너희에게는 안전하"다고 편지했다(빌 3:1). 데살로니가 교인들에게는 "내가 너희와 함께 있을 때에 이 일을 너희에게 말한 것을 기억하지 못하"냐고 물으며 이전 일들을 떠올리게 했다(살후 2:5).

바울의 동료 사도였던 베드로도 다르지 않았다. 실제로 베드로는 은혜를 상기시키고자 자신의 두 번째 서신을 썼다고 밝혔다. 죽음을 앞둔 그는 이 서신의 시작부터 은혜를 상기시키는 자의 면모를 반복적으로 보여준다.

> 그러므로 너희가 이것을 알고 이미 있는 진리에 서 있으나 내가 항상 너희에게 생각나게 하려 하노라 내가 이 장막에 있을 동안에 너희를 일깨워 생각나게 함이 옳은 줄로 여기노니 이는 우리 주 예수 그리스도께서 내게 지시하신 것 같이 나도 나의 장막을 벗어날 것이 임박한 줄을 앎이라 내가 힘써 너희로 하여금 내가 떠난 후에라도 어느 때나 이런 것을 생각나게 하려 하노라(벧후 1:12-15).

나중에 같은 서신에서 베드로는 과거를 기억하라고 재차 강조한다.

> 사랑하는 자들아 내가 이제 이 둘째 편지를 너희에게 쓰노니 이 두 편지로 너희의 진실한 마음을 일깨워 생각나게 하여 곧 거룩한 선지자들이 예언한 말씀과 주 되신 구주께서 너희의 사도들로 말미암아 명하신 것을 기억하게 하려 하노라(벧후 3:1-2).

목사들이여, 교인들의 삶에서 특정한 위기 상황이 지나간 뒤에도 며칠, 몇 달, 몇 년에 걸쳐 계속해서 교인들에게 그 사실을 상기시켜라. 교인들이 자신들을 인도했던 당신의 선지자적인 말과 자신들을 붙잡아주었던 하나님의 은혜를 계속 기억하게 하라. 존 맥아더(John MacArthur)의 말을 마음에 새기라. "성경을 전하고 가르치는 모든 자는 하나님이 성경을 통해 하신 말씀을 사람들에게 계속해서 상기시켜야 한다. 그래서 하나님과 자신이 반복하는 메시지가 그들 속에 머물게 해야 한다."[9] 사람들에게 과거를 상기시키면 그들이 미래를 준비하는 데 도움을 줄 수 있다.

결론

예기치 못한 사건과 난관과 위기는 교회 생활의 자연스러운 일부다. 우리의 삶이 예상할 수 없는 사건들을 품고 있기 때문이다. 때로 우리는 공동체, 국가, 인류로서 함께 다양한 경험을 한다. 그리스도 안에서 모든 신자가 겪는 위기도 있고, 지교회만의 독특한 위기도 있다. 인생의 흥망성쇠에서 자연스럽게 찾아오는 위기도 있고, 예수님을 믿는 믿음으로 인해 찾아오는 위기도 있다. 원인이 어떠하든 그리스도인들의 삶에서는 의문과 혼란, 낙심과 두려움을 일으키는 상황이 벌어지곤 한다.

이런 상황은 지교회 안에서 두 가지 결과를 야기할 수 있다. 교인들이 마주한 상황에 지혜롭지 못하게 대처하여 믿음이 약해지거나 무너질 수도 있고, 반대로 그 상황을 지혜롭게 헤쳐나가 믿음이 강하고 성숙해질 수도 있다. 이 중에 어떤 결과로 이어질지 결정하는 주된 요인 가운데 하나는 교인들이 목사에게 도움을 받는지 그렇지 않은지의 여부다. 목사가 상황을 무시하거나 대수롭지 않게 여겨도 양 떼는 하나님이 자신에게 침묵하시고 별로 신경을 쓰시지 않는다고 느낄 수 있다. 그들이 하나님의 음성을 분명히 듣도록 목사가 도우면 하나님에 대한 그들의 믿음과 확신이 강해지고 교회가 성숙해진다. 즉 목사는 위기가 닥치기 전에 교인들을 준비시키고, 위기가 닥칠 때 선지자적으로 말씀을 전하고, 위기가 지나간 뒤에 그 상황을 깊이 돌아보도록 그들을 도와야 한다. 교인들이 이 세상을 여행하며 여러 가지 불가피한 상황을 만날 때, 충실한 설교 사역을 통해 용기와 은혜로 그들을 이끄는 목사들을 하나님이 우리에게 보내주시기를 간절히 소망한다.

6장
강단에서의 분별력 있는 리더십

"그러나 어리석은 변론과 족보 이야기와
분쟁과 율법에 대한 다툼은 피하라
이것은 무익한 것이요 헛된 것이니라"
(딛 3:9).

긴 시간 동안 설교를 해본 적이 있다면 후회스러운 순간이 다 있을 것이다. 설교 중에 말실수를 하고서 아차 싶었던 경험을 안 해본 목사가 있을까? 이런 일로 안타까워하거나 동료 목사들과 서로 실수한 이야기를 나누며 웃었던 경험이 다들 있을 것이다. 자책감을 덜고자 이런 창피한 순간을 담은 동영상을 공개한 목사들도 있을 것이다.

물론 이렇게 난처한 상황을 완전히 피할 수는 없다. 그리고 이런 상황은 대부분 실수로 빚어지며 한바탕 웃음거리가 될 수도 있다. 발음을 잘못하거나 자신도 모르게 속을 드러내는 말을 하는 것은 사람들 앞에서 말을 하는 우리 목사들의 숙명이다. 창피함과 악의 없는 놀림이 따르겠지만 기껏해야 자신감에 상처를 입는 정도로 마무리될 수 있다(보통은 조금만 겸손을 발휘하면 이겨낼 수 있다). 이런 실수가 교회에 영향을 미치는 경우는 드물다.

하지만 의도하지 않은 잘못이라도 그냥 웃고 넘어가지 못할 만큼 가볍지 않은 경우도 있다. 안타깝게도 우리는 교인들이 겪고 있는 상황을 신경 쓰지 않거나 헤아리지 못해서 무심코 부적절한 발언을 할 수 있다. 우리에게는 별 것 아닌 듯해도 교인들에게는 그들의 사정과 마음을 고려하지 못한 말로 비쳐 자신의 부족함을 드러낼 수 있다. 이렇게 의도하지 않게 사람들에게 상처를 입히면 후회되기는 하지만, 그들이 받은 상처를 인정하고 진심으로 사과하면 대부분은 그 사과를 받아준다. 언짢은 기분은 남아 있겠지만 이런 일이 장기적인 피해나 교회 전체의 분규로 이어지는 경우는 별로 없다.

사람들이 설교 중에 우리의 실수를 간과하더라도 우리는 강단에서의 리더십이 일으킬 수 있는 잠재적인 분열과 파괴력을 알고 있어야 한다. 젊은 목사들뿐 아니라 산전수전을 다 겪은 노련한 목사들과 협력하며 알게 된 사실은 가장 흔하고 비극적인 리더십의 실패가 대개 부주의하거나 분별없는 설교에서 비롯된다는 것이다. 이것은 그릇된 해석으로 텍스트를 잘못 다루는 일이나 이단을 옹호함으로 교회를 분열시키는 일을 말하는 것이 아니다. 강단을 남용하고, 교인들을 이용하고, 설교자 자신을 높이는 일을 말하는 것이다. 보통 이와 같은 행위가 가장 큰 피해를 낳는다.

하지만 이런 일들이 의도된 경우는 드물다. 때로 우리는 교회의 상황이나 자신의 삶에 닥친 어려움으로 인해 건강하지 못한 습관에 빠져들 수 있다. 진리를 수호하거나, 원수와 싸우거나, 말씀을 담대히 선포한다고 주장하며 자신의 접근법이 옳다고 확신하기 쉽다. 하지만 현실은 우리가 자신의 입장을 고수하면서 방어적이고 무례한 태도를 취하는 것일 수 있다. 교인들을 악한 자로 몰아가고 위협하는 것일 수도 있다. 혹은 경건한 담대함을 가장하여 사람들의 눈길을 끌려 할 수도 있다.

이것은 대개 마음의 문제이기 때문에 교인들이 설교자의 잘못된 태도를 발견하는 것은 불가능할 수 있다. 더 위험한 것은 설교자 자신도 무엇이 잘못되었는지 파악하기 어려울 수 있다는 점이다. 무책임한 리더십과 분별력 있는 리더십은 때로 한 끗 차이다. 따라서 자신의 설교에서 이런 함정을 찾고 피하기 위해서는 성경을 충실하게 강해해야 한다. 우리 주님을 섬기고 교인들을 책임감 있게 돌봄으로써 분별력 있는 리더십을 발휘해야 한다.

지켜야 할 원칙들

분별력 있는 리더십은 궁극적으로 청지기 정신과 관련된 것이다. 이 리더십은 우리가 신성한 일을 위해 신성한 자리를 차지하고 있는 것이 얼마나 놀라운 특권인지 깨닫는 데서 출발한다. 이런 자세로 강단에 서면 불순한 동기로 메시지를 오염시키거나 개인적인 의견으로 메시지를 희석시키지 않고 하나님의 말씀을 충실하게 전할 수밖에 없다.

강단에서 리더십의 실패가 나타나는 주요한 원인 중 하나는 설교가 닻을 내려야 할 기본적인 교리들에서 서서히 멀어지기 때문이다. 교회의 역학들이나 사회적·정치적 이슈들, 개인적인 야심에 마음을 빼앗기면 우리의 설교는 이런 깔때기에 걸러지고 메시지는 변질된다. 하지만 설교와 목사의 역할에 관한 성경적인 확신을 고수하면 리더십이 철저히 성경을 중심으로 발휘되고 설교가 그릇된 목적으로 오용되지 않는다.

강단에서의 분별력 있는 리더십을 위해 필요한 핵심 교리는 우리가 하나님의 진리를 맡은 청지기라는 것이다. 청지기의 유일한 책임은 맡은 것을 잘 관리하는 것이다. 청지기의 삶은 사는 종은 "잘하였도다 착하고 충성된 종아"라는 칭찬을 듣는다(마 25:21, 23). 반면, 이 의무에 태만한 종은 겉으로는 책임감 있게 보일지 몰라도 결국 "무익한 종"이라는 꾸지람을 듣는다(마 25:30).

목사로서 우리가 맡은 가장 중요한 보물은 복음이며, 우리가 받은 주된 임무는 복음을 충실하게 전하는 일이다. 바울은 "복음을 전"하는 특권과 의무를 "부득불 할 일"로 부르면서 "만일 복음을 전하지 아니하면 내게 화가 있을 것이로다"라고 말했다(고전 9:16). 이 임무와 확신은 설교자로서 자신이 이 "사명을 받았"다는 이해에서 비롯되었다(고전 9:17, 딛 1:3 참고). 이런 청지기 정신은 바울의 소명에만 국한된 것이 아니었다. 다른 교회 리더들의 설교 사역도 청지기 정신을 바탕으로 이루어졌다. 바울은 자신의 사역뿐만 아니라 베드로의 사역도 "복음 전함을 맡은 것"으로 정의했다(갈 2:7).

우리는 목사로서 청지기라는 확신을 토대로 강단에서의 소명을 감당해야 한다. 다시 말해, 이 확신에 따라 우리의 메시지에 무엇을 포함시켜야 하고 무엇을 배제할지 결정해야 한다. 우리는 "미쁜 말씀의 가르침을 그대로 지켜야"(딛 1:9) 하고 진리에서 "벗어나 헛된 말에 빠"지지 않도록 해야 한다(딤전 1:6). 올바른 책무에서 벗어난 자들은 하나님이 "맡기신" "복음"에 초점을 맞춘(딤전 1:11) "하나님의 경륜"에 집중하기보다는 "변론"에 "몰두"한다(딤전 1:4). 그들은 바울이 제자인 젊은 목사에게 준 가르침을 되새겨야 한다. "디모데야 망령되고 헛된 말과 거짓된 지식의 반론을 피함으로 네게 부탁한 것을 지키라"(딤전 6:20).

헌신된 강해 설교자로서 우리 중 누구도 노골적으로 하나님의 말씀을 경시하거나 강단을 무책임하게 남용하지 않을 것이다. 하지만 솔직하게 돌아보면 텍스트에 나타나지 않은 이슈를 다루기 위해 메시지를 마음대로 왜곡시킨 적이 있음을 인정할 수밖에 없다. 아마도 우리 모두는 성경에서 벗어난 메시지를 애매하게 성경에 연결시키면서 정당화하려고 시도한 적이 있을 것이다. 즉 개인의 생각이나 개념이 성경의 텍스트와 어떻게 연결되는지 분명히 설명하지 않고도 설교에 포함될 수 있다. 이렇게 설교에 녹아든 개인적인 메시지는 성경의 무게와 권위를 지니는 것처럼 보일 수는 있다. 그러나 이것은 본궤도에서 벗어나 주님을 올바로 대신하지 못하고 청지기 정신을 지키지 못한 것이다. 그리고 설교를 통한 반역이기도 하다. 궁극적으로 우리는 "복음을 위탁 받"은 자로서 "사람을 기쁘게 하려 함이 아니요 오직…하나님을 기쁘시게" 할 책임이 있다(살전 2:4).

극단적으로 이것은 텍스트를 있는 그대로만 전하고, 텍스트 안에서 명시되지 않은 내용은 언급하면 안 된다는 엄격한 설교 접근법을 옹호하는 것처럼 들릴 수 있다. 하지만 곁길로 빠지지 않고 말씀에 충실하다는 말이 사례와 적용처럼 텍스트 강해의 핵심이 되는 설교적 요소를 배제하라는 말은 아니다. 교회 안의 이슈나 사회적·정치적 이슈를 다루기 위해서 성경적 원칙의 사례와 적용을 적절히 사용할 수 있다. 그런 의미에서 앞서 3장에서 전략적 리더십을 다룰 때 이런 경우를 위한 몇 가지 실용적인 가이드라인을 제시했다. 하나님의 진리를 맡은 충성스러운 청지기로서 우리는 텍스트의 틀 안에서 적절한 적용을 사용해야 한다.

우리는 하나님의 진리를 맡은 청지기일 뿐 아니라 그분의 교회를 맡은 청지기이기도 하다. 이런 현실은 목사가 무엇인지를 정의하며, 목사의 자격 요건들뿐 아니라 가장 중요한 속성을 결정한다. 바울은 "감독은 하나님의 청지기로서 책망할 것이 없"는 자라고 썼다(딛 1:7). 따라서 우리가 하나님의 백성들을 맡은 청지기라는 의식에 따라 강단에서 리더십을 발휘하고 있는지 스스로 돌아보는 것이 매우 중요하다.

신약에는 청지기로서 목사의 역할과 책임을 묘사하는 두 가지 주요한 이미지가 있다. 첫째, 바울은 목회서신 곳곳에서 청지기 직분을 집을 관리하는 것으로 묘사한다. 그는 디모데에게 목사의 자격 요건들을 나열할 때 가정을 이끄는 목사의 리더십을 하나님의 백성들을 이끄는 능력과 직접 연결시킨다. "자기 집을 잘 다스려… 사람이 자기 집을 다스릴 줄 알지 못하면 어찌 하나님의 교회를 돌보리요"(딤전 3:4-5). 계속해서 바울은 디모데에게 "살아 계신 하나님의 교회"인 "이 집"을 이끌기 위한 조언을 한다(딤전 3:15). 그는 가정의 비유를 통해 교인들 사이의 올바른 관계를 가족들 사이의 상호작용에 빗대어 설명하고(딤전 5:1-2), 교회 안에서의 섬김을 하나님의 집에 있는 그릇으로 묘사한다(딤후 2:20-21).

바울은 가정의 비유 외에도 청지기 직분을 목자의 역할에 비유한다. 1장에서 언급했듯이 오늘날 이 직분에 대해 가장 흔히 사용되는 단어인 "목사"는 사실 "목자"에 해당하는 성경의 용어에서 비롯되었다. 우리는 "양 떼"를 관장하는 자로서 "하나님이 자기 피로 사신 교회를 보살피"는 일을 하도록 부름받았다(행 20:28). 하나님은 목자장의 감독 아래서 그분의 양 떼를 돌보는 목자의 직분을 우리에게 맡기셨다(벧전 5:2-4). 이는 우리가 그분의 뜻을 받들고 그분의 지시와 뜻과 말씀에 따라 양 떼를 이끌고 먹여야 한다는 뜻이다. 양 떼를 돌보는 것이 우리의 최우선사항이 되어야 한다. 설교자인 우리에게는 양 떼의 영적 상태를 고려하여 그들을 가장 유익한 길로 이끌어야 하는 역할과 책임이 있다.

강단에서의 서번트 리더십을 탐구할 때 보았듯이 이것은 교인들의 귀에 듣기 좋은 소리만 하거나, 그들의 입맛에 맞는 설교만 하거나, 어떤 경우에도 교인들과 충돌하지 않아야 한다는 뜻이 아니다. 사실 우리는 불편한 이슈들을 다루고 죄를 지적하고 회개를 촉구해야 한다. 단, 그런 "교훈의 목적은 청결한 마음과 선한 양심과 거짓이 없는 믿음에서 나오는 사랑"이어야 한다(딤전 1:5). 우리의 개인적인 감정과 좌절감, 꿈과 소망, 의견과 목적에 따라 무엇을 어떻게 설교할지 결정해서는 안 된다.

궁극적으로 하나님의 교회에 대한 우리의 청지기 직분은 강단에서의 충성과 바로 연결된다. 하나님의 백성들을 이끄는 청지기로서 우리는 자신의 은사를 잘 관리할 책임도 있다. 하나님의 진리를 선포하는 자인 우리는 "선한 청지기"로서 영적 은사를 사용하고 "하나님의 말씀을 하는" 자로서 설교해야 한다(벧전 4:10-11). 목사의 직분과 소명은 신성하며, 하나님의 사자로서 우리는 청지기 직분을 소홀히 할 수 없는 관리자들이다. 목사는 하나님의 가정을 이끌고 그분의 양 떼를 치는 일에 대해 그분께 책임을 진다. 우리는 이 점을 늘 기억하며 설교해야 한다.

이처럼 우리는 하나님의 진리와 교회를 맡은 청지기다. 이 두 가지 근본적인 확신은 우리의 메시지에 아무거나 제멋대로 넣지 말아야 한다는 근거를 제공한다. 설교를 준비할 때 우리는 이 확신에 따라 설교 내용을 조사하여 텍스트에 충실하지 않은 불순물을 제거해야 한다. 그리고 자신의 개인적인 의견이나 목적이 설교에 들어가지 않도록 조심해야 한다. 하나님이 그분의 영토와 대변인을 지키시고, 사회적·정치적 실타래를 푸시고, 말씀의 능력으로 사람들의 마음을 바꾸는 작업을 해주실 테니 우리가 주제넘게 나설 필요는 없다.

피해야 할 함정들

하나님의 진리를 선포하고 교회를 잘 이끄는 선한 청지기가 되기 위해서는 그렇게 되지 못하게 만드는 함정들을 알아야 한다. 먼저 강단에서의 분별력 있는 리더십은 포함해야 할 것을 포함할 뿐 아니라 피해야 할 것을 피하는 것임을 알아야 한다. 구체적으로 말하면, 사역 리더십을 망치고 설교에서 하나님의 백성들을 혼란스럽게 하거나, 분노하게 하거나, 상처 입힐 수 있는 지뢰들을 피하기 위해 정신을 바짝 차려야 한다는 뜻이다. 분별력 있는 리더십은 자신의 설교에서 이렇게 위험하고 흔하게 발견될 수 있는 함정을 찾아 피하는 것을 포함한다. 특별히 우리가 의도적으로 피해야 할 세 가지 위험 지대가 있다.

강단에서 분별력 있는 리더십을 발휘하기 위한 주된 방법 중 하나는 공개적인 논쟁을 피하는 것이다. 당연한 애기처럼 들리지만, 사실 이것은 우리의 설교가 가장 쉽고도 흔하게 빠지는 함정 중 하나다. 바울은 이런 이유로 우리가 설교자로서 갖는 주된 역할에서 벗어나 논쟁에 빠지는 것을 계속 경고했다.

바울은 목회서신에서 디모데와 디도에게 무엇을 가르쳐야 할지를 알려주면서 멀찍이 떨어져야 하거나 피해야 할 것들도 반복해서 언급한다. 디모데는 특정한 유형의 사람들을 가까이하지 않을 뿐 아니라(딤후 3:5) 공개적인 가르침의 내용과 개인적인 상호작용에서도 특정한 것들을 "피해야" 했다(딤전 6:20, 딤후 2:16, 딛 3:2, 9).

첫째, 바울은 디모데에게 보낸 두 편지에서 특별히 "망령되고 헛된 말"을 피하라고 경고한다(딤전 6:20, 딤후 2:16). 이전에 강단에서의 청지기 직분에 관한 내용에서 우리는 복음의 진리를 지키기 위해 "거짓된 지식의 반론"을 피해야 한다는 바울의 첫 번째 권고를 간단히 언급했다(딤전 6:20). 흥미롭게도 바울은 디모데에게 보낸 두 번째 편지에서 부지런히 연구하여 "진리의 말씀을 옳게 분별"하라는 명령(딤후 2:15) 직후에 경고한다. 이처럼 바울은 하나님의 말씀을 옳게 다루는 일을 "피해야" 할 "망령되고 헛된 말"과 노골적으로 대조한다(딤후 2:16). 무엇보다도 그는 같은 구절에서 그렇게 하지 않으면 "경건하지 아니함에 점점 나아가"게 된다고 디모데에게 경고한다. 다시 말해, 이런 것들을 피하고 하나님의 말씀에 초점을 맞출 때 강단에서의 리더십이 나아갈 방향과 열매의 양은 결정된다.

이와 비슷하게 바울은 디도에게 "비방하지 말며"(딛 3:2) "어리석은 변론"(딛 3:9)을 피하라고 경고한다. 이것이 디모데가 이끌고 영향을 미치는 이들에게 악영향을 끼칠 것이기 때문이다. 우리는 잃은 자들에게 "온유함"과 친절함으로 복음을 제시해야 하지만 "비방"은 우리의 증언과 복음 전도를 방해한다(딛 3:2-7). 하나님은 "아름다우며 사람들에게 유익"한 "이 여러 것에 대하여 굳세게 말"하라고 명령하신다(딛 3:8). 즉 복음과 그 실질적인 의미에 관해서 큰 확신을 가지고 말하라고 명령하신다. 반면, 우리가 "피해야" 할 "어리석은 변론"과 논쟁은 "무익한 것이요 헛된 것"이다(딛 3:9).

그렇다면 이 모든 것은 오늘날 우리의 사역에 어떻게 적용되는가? "믿음의 도를 위하여 힘써 싸우"기 원하고(유 1:3), 옳은 교리로 "거슬러 말하는 자들을 책망"할(딛 1:9) 책임을 인식하는 설교자들은 강단에서 온유한 자세를 취해야 한다. 이것도 설교자의 중요한 역할이지만 우리는 논쟁적인 자세나 공격적인 언어로 설교하지 말아야 한다. 자세와 어조 외에도 우리의 메시지가 불필요한 논쟁거리에 초점을 맞추지 않도록 조심해야 한다.

공개적인 논쟁이 논쟁적인 자세에서만 비롯되는 것은 아니다. 목사가 한 교회에서 오랫동안 목회한 경우에는 강단을 너무 편안하게 느끼기 쉽다. 익숙해지면 서로 벽이 낮아지고 솔직한 소통이 이어지기도 하지만, 신뢰와 자유를 체감하는 분위기 속에서 자칫 말을 삼가지 못하기 쉽다. 우리가 말하려는 의도를 교인들이 당연히 이해하고 조금 실수를 해도 넘어가줄 것이기 때문에 편하게 말해도 된다고 생각할 수 있다. 하지만 강단을 불평을 내뱉거나 자신의 주장을 펼치기 위한 자리로 오용하지 않도록 조심해야 한다. 교인들이 무조건 지지할 줄로 생각하고 방종으로 흐르면 우리의 리더십은 부지불식간에 서서히 무너지기 시작한다.

공개적인 논쟁을 피하기 위해 자신을 솔직히 돌아보는 과정에는 논쟁과 논란을 좇는 마음의 악한 갈망을 파악하는 일도 포함된다. 어떤 교인들은 목사가 우리 문화의 많은 사회적 이슈를 섭렵한 전문가이기를 기대한다. 우리는 이런 교인들을 만족시키고 존경이나 평판을 얻으려는 욕구를 채우고자 설교 시간에 사람들을 비난하고 비아냥거리고 인상을 쓰기 시작할 수 있다. 그리고 같은 동기로 문화적 이슈뿐만 아니라 신학적 주제에 관해서도 그렇게 행동할 수 있다. 하지만 바울이 디모데에게 한 권면처럼 우리는 "말다툼을 하지 말"아야 한다. 말다툼에 "유익이 하나도 없고 도리어 듣는 자들을 망하게" 하기 때문이다(딤후 2:14).

우리는 공개적인 논쟁을 피할 뿐 아니라 정치적인 논쟁도 피해야 한다. 더군다나 성경에서 다루지 않는 이슈들은 특별히 위험하다. 이런 정치적 논쟁은 그 어떤 논쟁보다도 격렬하고 분열적이기 때문이다. 정치적인 주제에는 시민 정치나 교회 정치가 포함될 수 있다. 하지만 어느 한쪽이 우리가 전할 메시지의 동기가 되어서는 안 되고, 특정한 주제에 의해 메시지가 통제되지 않아야 한다. 그렇게 하려면 지혜와 기지와 모략이 필요하다. 그런데 이런 속성은 우리 문화에서 권장하거나 훈련시키는 것이 아니어서 모두의 약점일 수 있다. 어떤 이들은 이런 속성을 자연스럽게 느끼지만 대다수의 사람들은 오랜 기간 (실수를 통해) 습득해야 한다. 하지만 이것들은 충분히 기를 수 있는 커뮤니케이션 기술이며, 특히 정치적인 이슈를 다룰 때 효과적인 리더십을 위해서 꼭 필요하다.

강단에서 민감한 정치적 주제를 다룰 때 우리의 시각과 접근법의 밑바탕이 되어야 할 기초적인 교리들이 있다. 첫째, 우리의 정체성은 인종이나 성, 정치적 성향이 아니라 그리스도 안에서 우리가 누구인지에 따라 결정되어야 한다(고후 5:17, 갈 3:28, 골 3:11). 둘째, 모든 도덕적·윤리적 이슈를 논할 때 성경이 가장 중요한 기초가 되어야 한다. 사회적·문화적 이슈에 관한 입장뿐 아니라 어떤 권리, 법, 후보, 정책을 지지할지 결정할 때도 철저히 성경을 근거로 삼아야 한다. 그리고 사회의 법이 성경의 기준과 상충할 때 그 법을 따르기 위해 성경적 신념과 타협해서는 안 된다(행 5:29, 벧전 4:14-

16). 셋째, 정부의 권위들은 하나님이 세우셨기 때문에 우리는 그 권위를 따라야 한다(벧전 2:13-14, 롬 13:1, 딛 3:1). 신정국가에서 살지 않더라도 책임감 있는 시민으로서 사회에 참여하되 우리가 궁극적으로 하늘의 시민이라는 점을 우선시해야 한다(빌 3:20, 엡 2:19). 넷째, 교회는 그리스도의 몸이요 신부며, 이 땅에서 하나님의 구속 계획을 이루기 위해 그분이 선택하신 도구다(엡 3:8-10). 따라서 하나님의 백성인 우리가 추구하는 모든 사회적 개혁이나 부흥은 예수 그리스도의 복음을 열방에 충성스럽게 전하는 일을 통해서 이루어져야 한다(마 16:18, 28:18-20). 이런 교리가 참된 그리스도인들 사이의 정치적 입장 차이를 없애지는 않지만, 우리는 그에 따라 정치적 입장을 세워야 한다. 특히 설교자들은 철저히 이 교리에 의존하여 설교에서 정치적 요소들을 뒷받침하고 제한해야 한다.

바울이 디모데와 디도에게 보낸 편지 안에서 모두 정치적 이슈를 다루고 있다는 사실이 흥미롭다. 하지만 현대 문화의 전형적인 접근법과는 달리, 바울은 이 젊은 목사들이 정치적으로 자신들에게 적대적인 환경 속에서 살았지만 결코 호전적이거나 반역적이거나 헐뜯는 행위를 하도록 권장하지 않는다. 그 대신 그는 정부의 리더들을 위해 중보기도를 하고 "모든 경건과 단정함으로 고요하고 평안한 생활"을 함으로써 복음을 증언할 것을 권면한다(딤전 2:1-5, 딛 3:1-7).

교인들이 정치적 이슈들에 관해 성경적 자세와 시각을 품도록 이끌 때, 우리는 설교를 통해 우리가 제시하는 모습의 본을 보여야 한다. 때로는 정치 후보나 정당, 정책에 관해 비방하는 발언을 하여 교인들에게 정치적 영향을 미치고 싶은 유혹이 들 수 있다. 자신이 정치적 발언 정도는 소신껏 할 만한 자격이 있다고 착각할 수 있다. 하지만 논란의 여지가 있는 경솔한 주장이나 진술로 불필요하게 교인이나 방문객, 심지어 교회 전체의 마음을 상하게 하지 말아야 한다. 바울의 권면에 따라 우리는 정치적 이슈들을 다룰 때 존중과 배려를 앞세워야 한다. 가장 중요한 것은 청중이 그리스도와 그분의 교회를 향한 충성에 초점을 맞추는 것이며, 텍스트와 관련된 내용에 관한 정치적 언급은 최대한 자제해야 한다는 점을 잊어서는 안 된다.

그렇다고 해서 도덕적·윤리적·국가적 이슈들에 관한 권면을 절대 하지 말아야 한다는 뜻은 아니다. 하나님의 대변인이자 청지기로서 우리는 교인들이 삶과 관련된 중요한 문제들에 관해서 성경적으로 생각하도록 도울 책임이 있다. 교인들이 이런 문제를 성경적으로 이해할 뿐 아니라 각자의 사회적·직업적 영역에서 성경적으로 참여하도록 이끌어야 한다. 우리가 전하는 메시지가 성경적으로 적절하다면 설교 시간에 분명하고도 흔들림 없는 확신으로 그 문제를 다루어야 한다. 하지만 성경이 말하는 내용에서 벗어나 단순히 하나의 의견이나 인간이 만든 원칙을 부적절하게 강조하지 않도록 조심해야 한다. 설교에 포함해야 할 내용과 교회 안의 다른 조건과 배경에서 다루어야 할 내용을 구분하는 것도 중요하다.

시민 정치의 문제를 피하는 일 외에도 강단을 교회 정치의 도구로 남용하지 않도록 조심해야 한다. 솔직하게 인정하자. 교회 안에서 정치적인 갈등이 고조되면 강단에서 특정한 상황이나 사람을 다루어야 한다는 압박감을 느끼지 않는가? 특정한 상황을 직접 지적하거나 다루지는 않더라도 우리는 은근히 자신의 메시지를 던지는 법을 알고 있다. 사실 설교자들은 이런 일을 정말 잘하며 심지어 그런 의도가 아니었다고 스스로를 속일 수도 있다. 하지만 강단은 사람들을 압박해서 자신의 편으로 끌어들이거나 그들의 노력과 목적을 폄하하는 식의 정치적 술수를 쓰는 자리가 아니다. 우리는 설교가 신성한 소명이라는 점을 늘 기억하여 그 본래의 목적을 유지해야 한다.

우리가 자신의 소명과 텍스트에 충실하면 하나님이 우리를 대신하여 적들과 싸워주신다. 그래서 우리가 상황을 다루고자 특별히 노력하지 않고 그저 자기 일에 충실했는데 성령이 누군가에게 죄를 깨닫게 해주실 수 있다. 그럴 때 사람들은 우리가 정치적 술수를 썼다고 비난할 수 있다. 물론 우리가 하나님의 역사에 대해 사과할 필요는 전혀 없지만 그가 죄를 뉘우친 일이 성령의 역사라고 분명히 바로잡아줄 필요는 있다. 우리가 설교 중에 은근한 정치적 술수를 쓰지 않고 순수한 의도를 유지했다면 그 점을 교인들에게 분명히 밝혀야 한다. 무엇보다도 이렇게 하면 그 상황을 전혀 모르고 상황에 관여하지도 않은 사람들을 보호할 수 있고, 우리 역시 충실한 강해에 더욱 전념하기로 결심할 수 있다.

분별력 있는 리더십을 발휘하려면 항상 교인들의 상황을 헤아려야 하지만 자신의 상태에도 늘 관심을 가져 개인적인 야망을 피해야 한다. 자신을 살펴 우리 구주의 마음을 품는 것이 모든 신자를 위한 기본적인 원칙이다(빌 2:3-5). 목사들에게는 이렇게 하지 않는 것이 특히나 더 위험하다. 그래서 바울은 목사의 자격 요건을 제시할 때 디모데에게 "교만하여져서" 자신의 목회와 복음 전도를 망치는 것을 경계했다(딤전 3:6-7). 이것은 단순히 인간 본래의 교만한 성향을 경고한 것이 아니라 목사, 리더십, 사람들 앞에서 설교할 때 따라올 수 있는 힘과 존경을 경계한 것이다. 목사 직분에 내재한 이런 위험 요소로 인해 우리는 특히 설교와 관련해서 자신의 동기를 자주 점검해야 한다. 성경은 우리가 복음을 선포하는 자로서 경계해야 할 그릇되고 악한 야망들을 몇 가지 지적하고 있다.

성경에서 말하는 설교자들이 경계할 동기 중 하나는 금전적 이득이다. 바울은 "하나님의 말씀을 혼잡하게" 하는 자들과 "순전함으로" 하는 사람들(고후 2:17), "탐심의 탈"(살전 2:5)을 전혀 쓰지 않고 진리를 선포하는 사람들을 구분했다. 또한 그는 목사들이 "돈을 사랑"하여(딤전 3:3) "더러운 이득을 위하여" 양 떼를 이끄는 것을 금했다(벧전 5:2). 금전적인 이득을 위해 목회의 길에 들어서는 사람은 거의 없지만, 가족을 부양해야 한다는 압박감, 자신이 교회를 위해 희생하고 있다는 생각, 적은 봉급으로 인해 돈을 우선시하게 될 수 있다. 가족을 돌보려는 순수한 마음과 돈을 사랑하는 이기적인 욕심을 구분하기가 쉽지는 않다. 모든 목회와 가정의 상황이 다 다르지만 우리는 늘 기도 가운데 자신의 동기를 살펴 설교를 다른 목적을 위한 수단으로 보지 않도록 조심해야 한다.

우리가 경계해야 할 또 다른 이기적인 동기는 리더십과 직접적인 관련이 있다. 처음에는 영향력을 갈망하지 않더라도 한 번 맛보고 나면 점점 그것을 갈망하게 되기 쉽다. 교인들을 이끄는 일이 겸손한 영예에서 자아의 욕구를 채우기 위한 일종의 마약처럼 변질되고, 통제력과 존경을 원하는 욕구는 점점 더 커진다. 이런 일이 벌어지면 자신의 욕심을 채우기 위해 화려한 언변으로 교인들을 조종하고 미혹하기 시작한다. 결국, 설교할 때 하나님의 말씀을 자신의 영적 스턴트를 위한 소품 정도로 취급하게 된다.

바울은 서신들에서 이같은 종류의 설교를 비난하고, 자신이 이런 동기와 방법 없이 순수한 의도로 사역을 해왔노라고 말했다. 그는 "우리의 권면은 간사함이나 부정에서 난 것이 아니요 속임수로 하는 것도 아니라…우리가 이와 같이 말함은 사람을 기쁘게 하려 함이 아니요 오직 우리 마음을 감찰하시는 하나님을 기쁘시게 하려 함이라"(살전 2:3-4)라고 주장했다. 우리도 궁극적으로 오직 한 분이신 청자 곧 하나님을 위해서 설교해야 한다. 설교 준비와 전달 과정에서 우리는 사람들에게 깊은 인상을 주거나 누군가에게 공허한 찬사를 듣거나 개인적인 영향력을 얻기 위해 강단을 이용하려는 마음을 경계해야 한다.

우리가 마음을 동여야 할 이기적인 야망의 또 다른 단면은 자신을 높이려는 욕구다. 설교자는 사람들 앞에 서기 때문에 주목을 받고, 그로 인해 마음속에 그릇된 욕심이 자리 잡기 쉽다. 충성이 기준이 되어야 하지만 우리는 긍정적인 말들, 늘어나는 교인 숫자, 소셜 미디어의 '좋아요' 개수, 대중의 인정을 성공의 새로운 척도로 채택하기가 너무나 쉽다. 이런 변화가 나타나면 우리는 그리스도가 아닌 자신을 높이려는 우상 숭배적인 목표를 품고서 설교를 준비하고 전하기 시작한다. 그 결과, 자신이 마음속에서 유명인사가 되고, 점점 커져만 가는 자아의 굶주림을 채우기 위해 더 큰 규모의 사역이나 더 유명한 교회를 갈망하기 시작한다. 그럴수록 현재의 사역이 싫어지고 마음속에서 불만족만 쌓여간다. 하나님의 말씀을 전하겠다는 선한 갈망을 가지고 착수한 일이 지위와 인정을 향한 불타는 욕구로 변질된다.

마음에 이기적인 동기들이 스며들면 결국 교인들이 그것을 알아채고 우리의 리더십은 추락할 수밖에 없다. 하나님이 우리를 겸손하게 만들기 위해 가족들을 사용하려 하실 때, 우리는 그들을 육체의 가시로 여기기 시작한다. 우리가 강단에서 이기적인 야망에 눈이 멀면 우리의 가족과 교회 식구들을 비롯하여 우리가 아끼는 모든 사람이 우리 자신을 왕으로 높이기 위한 수단으로 전락한다. 안타깝게도 스스로 높아지려는 욕심은 결국 우리 자신의 목회를 무너뜨리는 결과를 낳는다. 따라서 우리는 이기적인 야망을 버리고 오직 그리스도만 높이기를 원해야 한다.

함정을 피할 예방책

이렇게 강단에서 자주 볼 수 있는 리더십의 함정을 극복하려면 싸울 전략이 필요하다. 목회 사역의 복잡성에 우리 마음의 악한 성향까지 고려하면 적극적인 접근법을 취하지 않을 수 없다. 이런 예방책은 불필요한 위기를 예방할 뿐 아니라 강단에서 충성스럽고 효과적인 리더십을 발휘하기 위한 발판을 마련해준다.

이 예방책은 사역의 모든 측면이 그렇듯 우리의 마음을 지키기 위한 솔직한 성찰과 의도적인 노력에서 시작되어야 한다. 마음속의 악한 성향을 인식할 뿐 아니라 우리에게 "숨은 허물"이 있을 수 있다는 점도 기억해야 한다(시 19:12). 죄의 기만적인 속성은 자신의 문제점을 보지 못하도록 눈을 가린다. 우리가 미처 생각하지 못한 틈이 분별력 있는 리더십을 가장 흔하게 위협하는 함정이다.

우리가 가진 성경적 확신과 선한 의도 이면에 숨어 있는 죄와 싸우기 위해서는 전략적으로 기도해야 한다. 설교할 수 있는 특권에 감사하고, 하나님의 진리와 그분의 교회를 맡은 청지기로서의 헌신을 다시 다짐하면서 시작해야 한다. 이 신성한 현실을 자주 기억하면 우리의 시선이 더욱 하나님께 향할 수 있고, 설교에서 우리의 해석, 사례, 적용의 이면에 있는 동기들을 파악하는 데 도움이 된다. 교인들을 향한 원망이나 교만으로 인해 그릇된 목적을 추구하고, 정치적인 술수를 꾀하며, 통제 욕구로 가득하고, 불안 때문에 칭찬을 받거나 스스로 높아지기 위해 설교하는 등 마음속에 내재하는 죄에 대항해서도 기도로 싸워나가야 한다. 분별력 있는 리더십을 유지하기 위해서는 자신의 마음을 살펴 주님께 이런 죄를 씻어달라고 꼭 간구해야 한다.

마음을 지키는 일 외에도 분별력 있는 리더십을 위해서는 지혜를 구하는 기도가 필요하다. 강해적 리더십의 다른 측면들을 살피면서 말했듯이 분별력 있는 리더십에도 기도와 하나님이 주시는 지혜가 필수적이다. 우리가 목회적 리더십을 발휘할 때 마주하는 수많은 문제는 다양한 측면을 가지고 있기 때문에 헤쳐나가기가 쉽지 않다. 우리가 강단에서 하나님의 백성들을 이끌 때 우리의 사역을 망가뜨리는 함정들을 피하려면 하나님의 지혜가 절실하다. 교인들 사이의 긴장이나 관계적 역학, 정치적 의견, 사회적 이슈들을 다루는 일은 극도로 복잡할 수 있다. 특정한 상황을 언제 다루어야 할지, 얼마나 직접적으로 다루어야 할지, 설교 시간에 그와 관련된 발언을 하는 것이 적절한지 파악하기가 어려울 수 있다.

우리의 배경과 상황에 따라 본문을 해석하지 않도록 명료함과 확신을 얻기 위해서도 하나님의 지혜가 필요하다. 또 시급한 것과 사소한 것, 공적인 것과 사적인 것, 의견과 원칙을 구분할 때도 하나님이 주시는 분별력이 필요하다. 하나님의 지혜는 강단에서 민감한 주제를 다룰 때 필요한 단어, 타이밍, 어조도 깨닫게 한다. 하나님은 우리가 구할 때 받으리라는 확신을 가지고 지혜를 구하라고 은혜롭게 초대해주신다(약 1:5). 성령이 우리를 인도해주시지만 믿을 만한 리더와 동료 목사들의 조언을 통해서도 그분의 지혜를 얻을 수 있다. 특히 우리의 판단력이 흐려지고 관점이 제한되어 있을 때 다른 사람의 통찰과 객관적인 의견이 큰 힘이 될 수 있다. 우리는 성령이 이끄시는 기도, 말씀의 인도하심, 다른 사람의 조언을 통해 분별력 있는 리더십을 발휘할 때 지혜를 주실 하나님을 의지할 수 있다.

자신의 마음을 점검하고 하나님의 지혜를 구한 뒤에는 확신을 가지고 설교할 수 있다. 이것은 얼핏 예방책처럼 보이지 않지만, 우리가 맡은 신성한 일과 성경의 권위에 집중하면 분별력 있는 리더십을 망치는 압박감에서 해방될 수 있다. 때로 강단에서의 리더십을 망가뜨리는 것은 교만이나 우리 자신의 목적이 아니다. 불안으로 인해 사람들의 이목을 살피며 그들의 비위를 맞추는 행동이나 대중의 찬사를 들으려고 하는 설교가 우리의 발목을 잡을 수 있다. 하지만 텍스트를 기준으로 설교의 내용을 정하면 하나님이 그분의 말씀을 높이고 그분의 사자를 보호해주실 줄 믿고 담대하게 설교할 수 있다.

성경의 꽤 많은 분량이나 아예 책 한 권으로 강해 설교를 할 때도 이 확신을 유지할 수 있다. 그 구절들을 순서대로 훑는 설교 시리즈를 계획해서 전하면 자신의 목적을 위해 텍스트를 취사 선택했다는 의심에서 자유로울 수 있다. 하나님의 타이밍은 완벽하다. 그래서 선택한 말씀이 우리와 관련된 주제나 상황을 다루고 있다면, 우리가 이기적인 목적으로 상황을 통제하려고 하지 않았다는 사실에서 얻는 겸손한 확신으로 설교할 수 있다. 그럴 때 우리는 성경 강해에만 집중할 수 있다. 교인들이 우리의 메시지를 어떻게 받아들일까 걱정하지 않고 성령이 그들의 마음을 깨우치고 삶을 변화시키시도록 맡길 수 있다.

결론

우리 모두는 다른 목사들이 리더십 문제로 고전하는 모습을 멀리서 지켜본 적이 있다. 우리도 비슷한 난관과 실패를 겪은 적이 있기에 그런 모습을 볼 때면 가슴이 아프다. 형제가 넘어지는 것을 보면 기분이 좋을 리 없다. 하지만 동시에 이렇게 저렇게 하면 리더십의 몰락을 피할 수 있었을 거라며 훈수를 두기도 쉽다. 물론 다른 사람의 실수에서 배우고 우리 자신의 삶과 사역에서 비슷한 실수를 하지 않도록 기도하며 조심할 수는 있다. 하지만 누구나 막상 같은 상황에 처하면 돌파하기가 쉽지 않다.

이것이 강단에서의 분별력 있는 리더십이 그토록 중요한 이유다. 우리의 사역에서 리더십이 난관에 봉착할 때 강단에서 그것을 잘못 다루면 문제가 복잡해져서 순식간에 통제 불능 상태에 빠진다. 하지만 강단에서의 리더십을 통해 이런 상황을 적절히 다루면 교회 안에서 빚어진 갈등을 진정시키고, 세상 속에서 문화적 이슈들과 싸우고, 하나님의 백성들을 영적으로 인도하고, 우리의 사역과 목회적 영향력을 망치는 함정을 피할 수 있다.

분별력 있는 리더십은 하나님의 무한한 지혜에서 비롯된 진리의 말씀과 설교로 전한 말씀의 능력에 기초한다. 이 불변의 현실은 우리가 하나님의 집을 관리하는 청지기 직분과 그분의 양 떼를 치는 목자 역할의 기초가 된다. 우리가 강해적 리더십의 다양한 역할을 수행할 때 이런 신념들은 설교의 내용을 안전하게 지켜준다. 본문의 핵심에서 벗어나 강단을 오용하면 성경의 능력을 방해하고 하나님의 사자로서 행하는 우리의 사역이 무너진다.

청지기 직분 안에 우리를 넘어뜨릴 수 있는 함정이 무수히 많지만, 그중에 반드시 피해야 할 위험 요소는 공개적 논쟁, 정치적 목적, 개인적인 야심이다. 이것들은 우리의 교만, 개인적·목회적 불안, 사회적·문화적 압박에 취약한 부분들을 공략한다. 하지만 우리의 마음속에서 영적인 맹점을 찾고, 기도와 믿을 만한 조언을 통해 경건한 지혜를 구하며, 텍스트에 충실함으로 하나님의 말씀을 확신 있게 전하면 이 위험 요소들이 가진 힘을 무력화시킬 수 있다. 우리는 저마다 동기를 돌아보고 말을 점검하여 성경을 충실히 강해해야 한다. 바로 이것이 분별력 있는 리더십이다.

결론
마무리 동작과 마치는 말

　스포츠를 아는 사람들은 성적을 내는 데 기술이 중요하다는 것을 안다. 특히 모든 경쟁에서 성공하기 위해 필요한 열쇠가 하나 있는데, 바로 '마무리 동작'이다. 공을 던질 때, 슛을 할 때, 야구방망이나 클럽을 휘두를 때 팔을 쭉 뻗는 마무리 동작을 하지 않으면 공에 힘이 실리지 않아 멀리 나가지 않는다. 인간으로서나 목사로서 성장하기 위해서도 우리에게 마무리가 중요하다.

　목사인 우리는 하나님의 말씀을 적용하는 것이 중요하다는 사실을 안다. 야고보는 1세기 교인들에게 하나님의 말씀을 행하지 않고 듣기만 하는 자의 자기기만을 피하라고 경고했다(약 1:22). 야고보의 권면은 예수님이 산상수훈의 끝 무렵에 하신 말씀을 떠올리게 한다. 거기서 예수님은 두 건축자를 대비시키셨다. "나의 이 말을 듣고 행하는 자"는 지혜로운 자인 반면, "나의 이 말을 듣고 행하지 아니하는 자"는 어리석은 자다(마 7:24-27). 두 사람의 차이는 엄청나서 진리를 적용하지 않으면 실로 비극적인 결과가 따른다.

　이 책의 내용은 당연히 성경에 비할 바가 못 되지만, 누구라도 새로운 교훈을 값지게 여기되 그것을 삶과 사역에서 적용하기 위한 실질적인 단계를 밟지는 않을 수 있다. 그리고 물론 설교자들도 좋은 원칙을 개인적으로 적용하지 않을 수 있다. 강해적 리더십을 발휘하지 않으면 당장 혹은 완전히 몰락하지는 않을지 모르지만, 이 원칙들은 철저히 성경에 기초하고 있기 때문에 이것들을 적용하지 않으면 우리의 사역에 장기적이고도 심각한 결과가 따를 수 있다.

우리는 이 책에서 제시한 성경적인 원칙들이 설교에 적용할 만큼 구체적이고 실질적이라고 믿는다. 하지만 마무리 동작(적용)을 하려면 의지와 노력이 필요하다. 그래서 마지막으로 몇 가지 구체적인 사항들을 제안하고 싶다. 이것이 당신에게 도움이 되리라 믿는다. 먼저 우리가 서문에서 소개한 강해적 리더십의 정의를 보자.

/
**'강해적 리더십'은 하나님의 백성들이
성령의 능력을 통해 그분의 아들을 닮아가도록
그분의 말씀을 충실하게 강해함으로써
그들을 돌보는 목회적 과정이다.**
/

우리는 처음에 이 정의를 소개할 때 각 단어와 문장의 중요성을 분명히 설명했다. 이 책에서 강해적 리더십의 다양한 측면을 살펴

보았으니 이제 당신의 사역과 관련된 특정한 배경을 염두에 두면서 이 정의를 다시 분석할 수 있으리라 생각한다. 각 장에서 논했던 강단 리더십의 여섯 가지 측면에 따라 이 정의를 분석하고, 당신이 현재 진행 중인 설교 사역의 영역들을 평가하며, 성장이 가능한 영역들을 탐구해보라.

예를 들어, "하나님의 백성들을 돌보는 목회적 과정"에서 당신이 간과했던 서번트 리더십이나 상황적 리더십의 요소들이 있는가? 당신이 메시지를 전할 때 리더십의 이런 측면을 발휘하면 도움이 될 만한 상황들이 있는가? 혹은 "말씀을 충실하게 강해"하고자 하여, 전략적 리더십이 필요한 문화적 이슈나 교회의 역학을 다룰 기회를 놓친 적이 있는가? 혹시 설교 준비나 선포나 적용에서 자신도 모르게 "성령의 능력"을 간과한 적이 있는가? 그렇다면 영적 리더십의 이 중요한 측면을 더 잘 발휘할 수 있도록 설교 준비와 전달에 관한 당신의 현재 접근법을 어떻게 조정할 수 있을까?

이런 원칙을 적용할 수 있는 또 다른 방법은 강해적 리더십의 여러 측면에 따라 자신의 설교를 평가하는 것이다. 예를 들어, 자신의 설교를 점검한 뒤에 전 교인에게 적용하는 부분을 추가할 수 있다. 교인들에게 성경적 혹은 전략적 리더십을 발휘하기 위해 관련된 성경적·신학적 진리를 찾을 수 있다. 설교를 사전에 점검하는 것 외에도 사후에 설교 동영상을 보면서 자신의 리더십을 점검할 수 있다. 물론 모두가 알다시피 자신의 설교를 듣는 것은 유쾌한 경험이 아니다. 하지만 그것은 자신의 설교 전달에서 개선점을 찾기 위한 가장 좋은 방법 중 하나다. 커뮤니케이션 기술을 보완할 방법이나 리더십과 관련해서 놓친 기회들을 찾는 것 외에도 자신이 이미 사용하고 있지만 전에는 몰랐던 강해적 리더십의 효과적인 요소들을 발견할 수 있다. 결과적으로 그 리더십을 더 의식적으로 발휘하거나 더 효과적으로 다듬을 수 있다.

궁극적으로 우리가 설교 사역을 하며 성장하면서 리더십, 설교, 목회라는 사역의 기초적인 요소들을 효과적으로 통합하려는 노력은 어디까지나 그리스도를 영화롭게 하고 그분의 백성을 성화시키기 위함이다. 사도 바울은 자신의 설교 사역을 위한 궁극적인 목표를 다음 구절에 완벽하게 담아냈다. "우리가 그를 전파하여 각 사람을 권하고 모든 지혜로 각 사람을 가르침은 각 사람을 그리스도 안에서 완전한 자로 세우려 함이니 이를 위하여 나도 내 속에서 능력으로 역사하시는 이의 역사를 따라 힘을 다하여 수고하노라"(골 1:28-29).

하지만 이 선포가 그의 신앙 고백일 뿐 아니라 강해적 리더십의 핵심 요소들을 정리하고 통합한 목회 철학이라는 점에 주목하라. 성경적 리더십은 "각 사람을 권하고" 가르치는 근간이 된다. 이것은 "속에서 능력으로 역사하시"고 하나님의 백성들을 변화시켜 "그리스도 안에서 완전한 자로 세"워주시는 성령을 통해서만 발휘할 수 있다. 또 바울의 설교와 가르침은 "모든 지혜"로 이루어졌다. 즉 그는 하나님의 인도하심 덕분에 전략적 리더십과 상황적 리더십을 발휘할 수 있었다. 이 지혜와 "그를 전파하"겠다는 굳은 결단은 분별력 있는 리더십의 핵심 요소들이다. 마지막으로 그는 원하는 목표를 이루기 위해 "각 사람"을 위해 희생적으로 "힘을 다하여 수고"함으로써 서번트 리더십을 발휘했다.

바울은 우리 모두를 위해 강해적 리더십의 훌륭한 본을 보여주었다. 우리도 기도하면서 같은 목표에 헌신하기를 소망한다. 우리가 하나님의 말씀을 충실히 강해함으로써 그분을 선포하고 그분의 백성들을 이끌 때, 그리스도가 영광을 받으시고 그분의 백성들이 성화될 것이다.

주

서문

1) John R. W. Stott, *Between Two Worlds: The Art of Preaching in the Twentieth Century* (Grand Rapids, MI: Eerdmans, 1982), 92-134. 『현대 교회와 설교』(생명의샘)

2) Jerry Vines와 Jim Shaddix, *Power in the Pulpit*, rev. ed. (Chicago: Moody, 2017), 30.

1장

1) John R. W. Stott, *Between Two Worlds: The Art of Preaching in the Twentieth Century* (Grand Rapids, MI: Eerdmans, 1982), 123. 『현대 교회와 설교』(생명의샘)

2) Stott, *Guard the Truth: The Message of 1 Timothy and Titus*, (The Bible Speaks Today) (Downers Grove, IL: InterVarsity Press, 1996), 116.

3) Gordon D. Fee, *1 and 2 Timothy, Titus*, Understanding the Bible Commentary Series (Grand Rapids, MI: Baker Books, 2011), 103.

4) R. Kent Hughes와 Bryan Chapell, *1 and 2 Timothy and Titus: To Guard the Deposit*, Preaching the Word (Wheaton, IL: Crossway, 2000), 106-7.

5) Hughes와 Chapell, *1 and 2 Timothy and Titus*, 115.

6) Donald Guthrie, *The Pastoral Epistles: An Introduction and*

Commentary, vol. 14 of Tyndale New Testament Commentaries (Downers Grove, IL: InterVarsity Press, 1990), 111.

7) John F. MacArthur, *1 Timothy*, MacArthur New Testament Commentary (Chicago: Moody, 1995), 175-76.

8) Stott, *Guard the Truth*, 121-22.

9) Stott, *Guard the Truth*, 122.

10) Fee, *1 and 2 Timothy, Titus*, 108, Thomas D. Lea와 Hayne P. Griffin, *1, 2 Timothy, Titus* (Nashville: B&H, 1992), 139, Stott, *Guard the Truth*, 122, Hughes와 Chapell, *1 and 2 Timothy and Titus*, *117*, MacArthur, *1 Timothy*, 179.

11) Hughes와 Chapell, *1 and 2 Timothy and Titus*, 117.

12) Lea와 Griffin, *1, 2 Timothy, Titus*, 140.

13) Stott, *Guard the Truth*, 123-24.

14) Jeff Iorg, *The Character of Leadership* (Nashville: B&H, 2007), 24.

15) Lea와 Griffin, *1, 2 Timothy*, Titus, 141.

16) Stott, *Between Two Worlds*, 92.

2장

1) Greg Heisler, *Spirit-Led Preaching: The Holy Spirit's Role in Sermon Preparation and Delivery*, rev. ed. (Nashville: B&H, 2018), 161, 『성령이 이끄는 설교』(베다니출판사). 하이슬러의 책은 설교에서 성령의 역할에 관한 완벽한 논의를 제공한다. 10장은 성령과 기름 부음이란 주제를 다룬다. 그 개념을 성경적·해석적 관점에서 탐구하며 설교에서 성령의 능력 주심을 돕는 것들과 방해하는 것들을 제시한다.

2) 텍스트의 어조와 그것이 강해 설교에 의미하는 바에 관해서 더 자세히 알고 싶다면 다음의 책을 보라. Steven Smith, *Recapturing the Voice of God:*

Shaping Sermons Like Scripture (Nashville: B&H, 2015), 『본문이 이끄는 장르별 설교』(아가페북스)

3장

1) Haddon Robinson, "The Heresy of Application," *Leadership* (Fall 1997), 24.

2) 우리는 '비성경적'보다는 '성경 외적'이란 표현을 선호한다. 성경에서 분명하게 다루지 않는 주제들 중에 이단적이거나 악한 것이 아니라 도덕적으로 중립적이거나 좋은 주제들도 많기 때문이다.

3) Jerry Vines와 Jim Shaddix, *Power in the Pulpit: How to Prepare and Deliver Expository Sermons*, rev. ed. (Chicago: Moody, 2017), 84-85.

4) 하나님의 계획으로서 창조와 재창조에 관해서 더 자세히 알고 싶다면 다음 책을 보라. Jim Shaddix, *The Passion-Driven Sermon: Changing the Way Pastors Preach and Congregations Listen* (Nashville: B&H, 2003), 66-69.

5) Bryan Chapell, *Christ-Centered Preaching: Redeeming the Expository Sermon*, 3rd ed. (Grand Rapids, MI: Baker, 2018), 47.

6) Abraham Kuruvilla, *Privilege the Text!: A Theological Hermeneutic for Preaching* (Chicago: Moody, 2013), 29. 그의 해석학적 접근법을 다 받아들이지는 않더라도 그리스도의 형상에 관한 그의 주장 중 일부는 영적 형성을 위한 설교에 활용될 수 있다.

7) 적용의 연속체를 사용하는 것에 관해서 더 자세히 알고 싶다면 다음의 책을 보라. Vines와 Shaddix, *Power in the Pulpit*, 174-80, 224-26.

8) Harold Freeman, *Variety in Biblical Preaching* (Fort Worth, TX: Scripta, 1994), 41.

9) Robinson, "The Heresy of Application," 23.

10) Robinson, "The Heresy of Application," 25-26.

11) Robinson, "The Heresy of Application," 26.

12) Thomas D. Lea와 Hayne P. Griffin, *1, 2 Timothy, Titus*, The New American Commentary (Nashville: B&H, 1992), 138.

13) John F. MacArthur, *1 Timothy* (Chicago: Moody, 1995), 176.

14) Leonard Ravenhill, *Why Revival Tarries* (Minneapolis: Bethany House, 1987), 29, 『부흥의 세대여, 통곡하라』(규장)

15) Ravenhill, *Why Revival Tarries*, 29-30.

5장

1) John Uri, "50 Years Ago: Houston, We've Had a Problem," NASA, 2020년 4월 13일, https://www.nasa.gov

2) Anne Isabella Ritchie, *Mrs. Dymond* (London: Smith, Elder, and Co., 1885), 342.

3) Greg Gilbert, *What Is the Gospel?* (Wheaton, IL: Crossway, 2010), 20, 『복음이란 무엇인가』(부흥과개혁사)

4) Gilbert, *What Is the Gospel?*, 18.

5) Walter Kaiser, *Toward an Exegetical Theology: Biblical Exegesis for Preaching and Teaching* (Grand Rapids, MI: Baker, 2006), 19.

6) Jim Shaddix, "Never Without a Word: Planning to Preach God's Revelation," Jerry Vines와 Jim Shaddix, *Progress in the Pulpit: How to Grow in Your Preaching* (Chicago: Moody, 2017), 52-53.

7) Shaddix, "2 Peter," Jim Shaddix와 Daniel L. Akin, *2 Peter and Jude*, (Christ-Centered Exposition Commentary) (Nashville: B&H, 2018), 20-21.

8) Shaddix, "2 Peter," 21.

9) John F. MacArthur, *2 Peter and Jude*, MacArthur New Testament Commentary (Chicago: Moody, 2005), 49.